INVENTAIRE
F 28.969

DE L'ÉCHANGE

EN DROIT ROMAIN ET EN DROIT FRANÇAIS

THÈSE

POUR LE DOCTORAT

soutenue

Par MAX BÉCHADE DE POMMIERS

AVOCAT

NÉ A LA RÉOLE (GIRONDE).

BORDEAUX

IMPRIMERIE DE LA GUIENNE, RUE GOUVION, 20

1873

A LA MÉMOIRE VÉNÉRÉE DE MA GRAND'MÈRE.

A MES PARENTS.

A MES AMIS.

DE L'ÉCHANGE

EN DROIT ROMAIN ET EN DROIT FRANÇAIS

BIBLIOTHÈQUE NATIONALE
R. F.
IMPRIMÉS.

THÈSE

POUR LE DOCTORAT

soutenue

PAR MAX BÉCHADE DE POMMIERS

AVOCAT

NÉ A LA RÉOLE (GIRONDE).

BORDEAUX

IMPRIMERIE DE LA GUIENNE, RUE GOUVION, 20

1873

FACULTÉ DE DROIT DE BORDEAUX

MM. COURAUD, ✳ doyen, officier de l'Instruction publique,
professeur de Droit romain.
BAUDRY-LACANTINERIE, *professeur de Droit civil.*
RIBEREAU, *professeur de Droit commercial.*
SAIGNAT, *professeur de Droit civil.*
BARCKHAUSEN, *professeur de Droit administratif.*
DELOYNES, *professeur de Droit civil.*
LANUSSE, agrégé, *chargé du cours de Droit romain.*
VIGNEAUX, agrégé, *chargé du cours de Procédure civile
et de Droit criminel.*
LECOQ, agrégé, *chargé du cours de Droit maritime.*

MM. RAVIER, officier d'Académie, *secrétaire-agent-comptable,*
CUQ (Edouard), licencié en Droit, *bibliothécaire.*
PATRON, étudiant en Droit, *adjoint au secrétariat.*

COMMISSION DE LA THÈSE :

Président : M. DELOYNES.

Suffragants. . . . . . {
MM. LECOQ.
LANUSSE.
VIGNEAUX.
SAIGNAT.

Cette thèse sera soutenue le 22 février, à deux heures et demie
après-midi.

DROIT ROMAIN

INTRODUCTION

I.

De tous les contrats, l'échange est certainement le plus ancien; il se perd dans la nuit des temps. En effet, dans l'enfance des sociétés et même, de nos jours, chez les peuples qui sont restés à l'état sauvage, ou dont la civilisation est peu avancée, c'est par la voie des échanges que chacun cherche à se procurer les choses nécessaires à son existence.

Ainsi, tous les hommes n'étant pas doués des mêmes avantages naturels, les uns aidaient les autres de leur force physique, lorsque les autres les aidaient de leur intelligence. De même, il arrivait souvent que quelques uns avaient en leur possession des choses dont ils ne pouvaient tirer aucun parti, tandis qu'ils manquaient absolument de certains objets utiles pour eux, mais qui étaient possédés par d'autres personnes qui n'en avaient nul besoin. On s'entendait alors et l'on abandonnait la chose inutile pour obtenir celle dont on manquait.

Toutefois, on peut facilement comprendre combien de difficultés et d'obstacles devait rencontrer ce moyen primitif de subvenir aux exigences de la vie, lorsque la population devenait plus considérable, lorsqu'on ne se contentait plus des choses indispensables et que l'on considérait comme nécessaires les objets de luxe ou d'agrément. Celui qui avait besoin de la chose d'un autre n'avait pas toujours l'objet que celui-ci désirait acquérir. De plus, les choses étaient bien rarement d'égale valeur ; il fallait souvent avoir recours à des estimations et donner d'autres choses en supplément. Or, il était fort difficile de contenter les deux parties, parce que, en général, chacun attribue à tel objet une valeur relative qui le rend pour lui plus ou moins précieux que pour tout autre.

On dut alors chercher le moyen d'obvier à tous ces inconvénients. On se servit d'une marchandise intermédiaire qui pouvait en même temps plaire à tout le monde et représenter toutes les valeurs qu'on voudrait donner aux choses selon les temps, les lieux et l'utilité de chacune d'elles ; l'on appréciait les deux objets qu'on désirait échanger par comparaison à ce terme moyen, à cette marchandise intermédiaire qu'on a appelée *monnaie*. On choisit comme marchandise intermédiaire, l'or, l'argent et le cuivre, parce que ces métaux renferment une valeur relativement considérable, sous un petit volume ; parce qu'ils peuvent se transporter plus facilement que toute autre matière ; qu'ils se conservent sans altération sensible ; qu'on peut les garder sans frais ni soin particulier, et enfin parce qu'ils passent de l'état de marchandise à l'état de monnaie et réciproquement avec une grande facilité. Mais alors, ce n'est plus un échange proprement dit qui se forme de part et d'autre, c'est une vente.

La vente créée, les échanges deviennent sensiblement plus rares ; mais ils nous rendent encore de grands services dans notre commerce avec les peuples peu civilisés qui ne connaissent pas l'usage des monnaies. Ce contrat est également très utile au point de vue de l'agriculture ; il offre aux propriétaires un moyen facile de réunir en un ensemble des parcelles de terre qui, disséminées à de grandes distances, ne pourraient être utilement cultivées.

II.

La volonté des parties constitue l'élément fondamental des conventions; celles-ci doivent faire loi entre les parties et les obliger, conformément aux dispositions qu'elles renferment. Les Romains reconnaissaient ce principe, et ils admettaient que la convention engendrait une obligation naturelle entre les parties contractantes. L'obligation ne devenait civile, n'était garantie par une action et la convention ne prenait le nom de contrat que si, au consentement des parties, venait s'adjoindre ce que les commentateurs modernes ont appelé *causa civilis.*

Les conventions sans *causa civilis* étaient désignées sous le nom de *pactes* et elles ne pouvaient, du moins à l'origine (1), ni engendrer le droit sanctionnateur, ni être mises à exécution, malgré la résistance du débiteur: « *Nuda pactio obligationem non parit,* » nous disent tous les jurisconsultes.

Qu'est-ce donc que la *causa civilis*? Nous ne voulons point rapporter les diverses opinions émises à ce sujet, mais suivant le système de M. Walter, nous croyons devoir procéder par abstraction en recueillant les éléments qui, étrangers aux pactes, sont communs aux divers cas de contrats (2).

Peuple positif, les Romains ne comprenaient pas qu'une personne pût vouloir aliéner ou s'obliger sérieusement, à moins d'avoir déjà reçu, de recevoir au moment même, ou d'avoir la certitude d'obtenir plus tard une autre prestation. Le caractère distinctif des contrats sera donc la réciprocité, comme l'indique d'ailleurs l'étymologie du terme grec συνάλλαγμα dont se servent les jurisconsultes pour désigner un contrat. Ainsi, la prestation a-t-elle précédé ou

---

(1) Les conventions appelées *pactes légitimes* ou *prétoriens* sont en réalité de véritables contrats auxquels on refuse ce titre par respect pour l'ancienne classification.

(2) Geschichte des rœmischen Rechtes.

accompagné la convention, c'est en échange de la chose reçue que le débiteur accorde au créancier un droit d'obligation. La tradition de la chose constitue une *causa civilis* de l'obligation dans le prêt de consommation, le commodat, le dépôt et le gage.

La prestation est-elle future, chacun des contractants ne s'oblige qu'en raison de l'obligation contractée par l'autre partie. Dans ce cas, le remise de la chose n'est pas nécessaire pour créer l'intérêt réciproque, nommé par les Romains *negotium*. Le simple consentement suffit alors pour engendrer l'obligation civile, comme dans la vente, le louage ou la société.

La réciprocité existe encore en matière d'*obligatio verbis* ou d'*obligatio litteris*, sinon dans le droit classique, du moins à l'origine, alors que ces obligations dérivent directement de la *mancipatio* et du *nexum*. Le procédé *per ces et libram* était appliqué au cas où une personne voulait s'obliger envers une autre. En échange de la somme d'argent pesée et comptée par le créancier au débiteur, celui-ci mancipait sa personne au premier et l'acte prenait le nom de *nexum*. Cet engagement matériel de la personne du débiteur fut ensuite remplacé par un engagement juridique, donnant au créancier une action contre le débiteur. L'opération elle-même subit des modifications : une petite pièce de monnaie remplace l'argent que le créancier mettait autrefois dans la balance. L'étendue de l'obligation est alors déterminée par les paroles échangées entre les parties ; ces paroles ont force obligatoire, comme étant l'accessoire du *nexum*, conformément à la loi des XII Tables : « *Cum nexum faciet manci-* » *piumque, uti lingua nuncupassit, ita jus esto.* »

Plus tard enfin, l'emploi de l'airain et de la balance disparaît à son tour, l'engagement contracté *verbis* est considéré comme suffisant pour créer un lien obligatoire. La réciprocité qui, à l'origine, avait existé d'une manière apparente, n'a plus besoin de se manifester.

Par un semblable procédé, l'engagement matériel du débiteur résultant du *nexum* peut être aussi remplacé par une mention faite par le *paterfamilias* sur son livre de recettes ou de dépenses au moment où l'argent pesé est compté au débiteur. On se débarrasse ensuite de cette nécessité de la numération des espèces : on la suppose effectuée. Celui à la charge duquel l'*expensilatio* a été faite est obligé *litteris*. Cette obligation issue d'une même origine a le même caractère civil que la stipulation. L'écriture est-elle régulière, l'obligation existe sans que le créancier ait besoin de rapporter la preuve de la remise des espèces au débiteur.

Il était cependant bien naturel d'admettre qu'il doit remplir l'obligation qu'il s'est imposée, celui à qui nous avons remis une chose dans l'intention d'en obtenir la restitution ou une prestation équivalente. Le droit romain ne se refusait certainement pas à reconnaître ce principe, mais il ne l'avait consacré que dans des cas spéciaux se présentant sous une apparence peu compliquée, l'obligation du débiteur consistant simplement à restituer l'objet reçu. Si, en dehors de ces hypothèses, une personne avait donné une chose dans l'intention d'obtenir une prestation en échange, l'*accipiens* n'était obligé que naturellement.

La limitation des conventions munies d'actions, c'est-à-dire des contrats, avait pour effet d'écarter de ses cadres, rigoureusement fermés, toute convention si utile et si morale qu'elle pût être et de lui refuser une protection juridique efficace. Cette exclusion s'appliquait à l'échange lui-même, bien que cette convention usuelle et nécessaire se présente à l'origine même de toute civilisation. Pour pouvoir user du droit sanctionnateur, il fallait employer la forme de la stipulation dont la simplicité et l'élasticité s'adaptaient facilement à toute espèce de convention.

Les Romains purent se contenter de ce moyen tant que les doctrines spiritualistes n'eurent pas pénétré ces esprits vigoureux jusqu'alors plus préoccupés de conquêtes que de justice. Il était, en effet, facile en pratique d'atteindre un résultat, sinon identique, du moins assez rapproché de celui qui était produit par le contrat d'échange, au moyen d'une double stipulation. En effet, si Primus stipulait de Secundus le champ A, tandis que Secundus stipulait de Primus le champ B, chacune des deux parties était civilement tenue à la prestation qu'elle s'était engagée à faire, et chacune pouvait par la *condictio ex stipulatu* exiger l'exécution de la promesse qu'elle avait stipulée. Mais, même avec ce palliatif, les parties n'obtenaient pas exactement la position à laquelle elles avaient prétendu. Il n'existait pas entre ces deux stipulations cette corrélation qu'on trouve dans toutes les conventions synallagmatiques, elles étaient étrangères l'une à l'autre; on combla cette lacune par l'admission des *contrats innommés*. Les jurisconsultes sentirent qu'il était nécessaire d'empêcher que les promesses ne fussent impunément violées et que les lois devaient accorder appui et protection à la partie qui avait loyalement exécuté la convention synallagmatique. Se pénétrant de plus en plus des principes de la philosophie stoïcienne, ils comprirent qu'il fallait tenir compte du but que s'étaient proposé les parties et que faire abstraction de la cause finale était sanctionner une iniquité au profit de celui qui manquerait à ses engagements. On finit donc par considérer l'exécution unilatérale opérée à la suite d'un pacte synallagmatique comme renfermant une *causa obligationis*, et le jurisconsulte Ariston put répondre à Celse : « *Sed etsi in alium contractum* » *res non transeat, subsit tamen causa, hoc sunallagma id* » *est contractum esse et hinc nasci civilem obligationem.* »

La théorie des contrats innommés une fois établie, l'échange devint un véritable contrat; mais par respect pour l'ancienne classification, la langue juridique ne lui donna pas une dénomination particulière.

Nous nous proposons d'étudier ce contrat, en nous plaçant à l'époque où l'évolution des idées achevée et accomplie, les principes qui le régissaient atteignirent leur plein et entier développement. Mais nous exposerons à propos de l'action *præscriptis verbis* l'histoire des tâtonnements et des efforts à l'aide desquels les jurisprudents romains arrivèrent, à l'égard de l'échange, à une théorie définitive dès l'époque de Paul et d'Ulpien. Nous constaterons ensuite les progrès qui se sont accomplis relativement à ce contrat, soit dans notre ancien droit, soit dans notre droit actuel. Enfin, nous terminerons ce travail par un exposé sommaire des droits d'enregistrement en matière d'échange.

CHAPITRE Ier.

CARACTÈRES ET ÉLÉMENTS DU CONTRAT D'ÉCHANGE.

L'échange peut être défini : Un contrat par lequel une personne transfère à une autre un droit réel sur une chose en vue d'obtenir de cette autre personne la translation d'un autre droit réel sur une autre chose. L'échange est une espèce de contrat *do ut des*; mais il n'est pas à lui seul ce contrat innommé avec lequel on le confond trop souvent (1).

Les éléments essentiels du contrat d'échange sont au nombre de trois :

Premier élément. — La dation d'une chose, autre que de l'argent monnayé, doit avoir été opérée par une personne au profit d'une autre.

L'échange se forme par une translation de droit réel; celui-ci peut être un droit de propriété, de servitude prédiale ou de servitude personnelle. Il y a, en effet, dation dans le cas de constitution de servitude (2).

Reconnaitrons-nous le même caractère à la constitution d'un droit réel prétorien d'hypothèque, d'emphytéose ou de

(1) L. 0, Cod. V, 12. — L. unique, § 13, Cod. V, 13.
(2) L. 3, D. VII, 1.

superficie? On ne peut, pour résoudre cette question, invoquer la L. 19, § 1, D. *præscriptis verbis*. Dans l'hypothèse prévue par ce texte, l'établissement de l'hypothèque n'a pas lieu au profit du co-contractant, mais bien en faveur du créancier de celui-ci. Pour le premier, la création de ce droit réel constitue un *factum*, et nous nous trouvons dans l'hypothèse d'un *facio ut facias* ou d'un *facio ut des* et non dans celle d'un *do ut facias*. Néanmoins, comme le préteur protége par l'action hypothécaire ou par l'action publicienne, la personne au profit de laquelle ont été constitués de semblables droits, nous pensons que les jurisconsultes romains de l'époque classique n'auraient pas hésité à voir dans l'établissement de semblables droits une véritable *datio*.

A plus forte raison pensons-nous que, si le véritable propriétaire a livré, sans employer la forme de la mancipation ou de la *cessio in jure*, une *res mancipi*, et que l'*accipiens* ait ainsi obtenu l'*in bonis*, l'acquisition de ce droit prétorien sanctionné par l'action publicienne et présentant tous les avantages réels de la propriété, doit être considérée, en matière d'échange, comme constituant une véritable *datio*. Notre opinion ne s'appuie sur aucun texte, car Justinien a supprimé tout ce qui avait trait à la distinction des *res mancipi* et des *res nec mancipi:* mais elle nous parait d'autant plus acceptable que, par l'effet de l'usucapion, l'*in bonis* se trouvait promptement transformé en un *plenum jus quiritium*.

De même, la tradition d'un fonds provincial ne transférant pas le *dominium ex jure quiritium*, dans le droit antérieur à Justinien, et, en outre, ne conduisant pas à l'usucapion, il est certain qu'en donnant au mot *datio* un sens rigoureux, nous devrions nous refuser à voir dans cette tradition une *causa obligationis* suffisante pour engendrer le contrat *do ut des*. Cependant nous n'hésitons pas à croire que cette solution logique, mais peu pratique, n'aurait pas été adoptée par les Romains. Comme dans l'hypothèse précédente et pour un motif analogue les textes nous font absolument défaut.

Si l'aliénateur n'est pas propriétaire de la chose sur laquelle le droit réel devait être transféré, le contrat ne se formera pas. Cette solution n'est pas en contradiction avec les précédentes. Bien que *l'accipiens* de bonne foi puisse, au moyen de l'usucapion, devenir propriétaire de la chose livrée, comme sa position ne le met pas à l'abri du recours du véritable propriétaire, et qu'il peut se trouver évincé tant que l'usucapion n'est pas accomplie, il n'est pas possible de l'assimiler, ni au propriétaire prétorien, ni à l'acquéreur d'un fonds provincial et il n'y aura *datio* que lorsque l'usucapion se sera accomplie.

Tels sont les divers cas dans lesquels il y a *aliquod datum* ; mais dans la suite de ce travail nous ne parlerons que du cas le plus fréquent, de celui ou le droit réel transféré est un droit de propriété.

Deuxième élément. La dation doit être opérée en exécution d'une convention antérieure ou concomitante qui oblige l'autre partie à effectuer aussi une dation.

Troisième élément. La convention considérée en elle-même ou jointe à la dation qui l'accompagne, doit ne pas constituer un contrat nommé. Ainsi, la translation d'un droit réel, de propriété par exemple, en vue d'obtenir une autre translation de propriété, peut affecter les quatre formes suivantes :

1° *Do pecuniam ut des pecuniam.* Ce contrat est évidemment un *mutuum* et non un échange.

2° *Do rem ut des pecuniam.* Il y a vente, car si ce contrat existe, alors qu'on a livré pour un prix déterminé la chose d'autrui, il ne saurait disparaître parce que l'acheteur a été rendu propriétaire par l'aliénateur, le contrat a seulement reçu une exécution plus complète. On ne peut douter qu'il y ait vente lorsqu'une personne s'engage à transférer la propriété d'une chose moyennant un prix. Cette obligation découle alors d'un *pactum adjectum in continenti*, partie intégrante du contrat lui-même (1).

<hr>

(1) L. 7. § 5. — D. II, 14.

3º Pour les mêmes motifs, il y aura encore vente et non échange, dans l'hypothèse d'un *do pecuniam ut rem des.* Paul s'en explique formellement dans la L. 5. § I. D. *prescriptis verbis.*

4º Il ne reste donc plus que la forme *do rem ut rem des* qui puisse constituer le contrat innommé, l'échange.

Cette manière d'envisager les formes que peut affecter une translation de propriété accomplie en vue d'obtenir une autre translation de propriété n'était pas admise par tous les jurisconsultes romains ; Gaius, dans ses commentaires, Paul, au Digeste, et Justinien, dans ses Institutes, nous rappellent la dissidence qui existait sur ce point entre les deux écoles de Cassius et de Labéon.

La théorie des Proculiens, conforme au principe posé que la convention synallagmatique ne doit pas constituer un contrat nommé, a triomphé et a été admise par Justinien : mais il nous paraît intéressant d'examiner le fondement juridique sur lequel elle s'appuie. Le caractère particulier du contrat d'échange ressortira mieux quand nous aurons comparé la doctrine Sabinienne à celle des jurisconsultes de l'école opposée.

Malgré leur respect pour les traditions, les Sabiniens étaient bien obligés de reconnaître qu'en employant les formes de la stipulation on n'atteignait pas le but que se proposent les co-échangistes ; d'un autre côté, ils ne pouvaient refuser de venir en aide aux parties dans une opération juridique aussi fréquente que l'échange, et laisser leurs obligations respectives privées de toute sanction ; mais peu enclins aux innovations, ils ne voulurent pas admettre un nouveau contrat. Ils pensèrent qu'en assimilant l'échange à la vente, ils tranchaient la difficulté, et qu'ils donnaient satisfaction à la fois à leur penchant pour le maintien des anciens principes et à la nécessité de protéger efficacement la volonté des parties.

Les vers d'Homère, cités par Paul (1) et reproduits par

(1) L. 1. §. 1. D. XVIII, 1.

Justinien (1) n'étaient indiqués par Sabinus qu'à titre d'exemple. On ne doit pas y voir, comme l'ont fait quelques commentateurs superficiels, la raison déterminante qui avait conduit les Sabiniens à faire rentrer l'échange dans la vente. Comment admettre, en effet, qu'ils aient pu fonder tout leur système sur un simple mot employé par un poëte, qui attachait certainement fort peu d'importance à la précision rigoureuse de l'expression dont il se servait et qui, de plus, écrivait à une époque où la langue du droit était encore tout à fait dans l'enfance !

Pour les Sabiniens donc, l'échange n'est qu'une espèce de vente dans laquelle le prix consiste en toute autre chose qu'en argent monnayé. De cette manière de voir découlent les conséquences suivantes :

1° Dans l'échange, comme dans la vente, il faudra distinguer le vendeur de l'acheteur, la chose vendue du prix. L'acheteur sera tenu de transférer la propriété de la chose en nature qui joue le rôle de prix. Le vendeur sera libéré envers l'acheteur en lui procurant la possession paisible de la chose livrée, alors même qu'elle appartiendrait à autrui, en lui transférant tous les pouvoirs qu'il a sur la chose, en lui garantissant le maintien de la possession et en accomplissant tout ce qu'exige la bonne foi : « *Venditori sufficit* » *ob evictionem se obligari, possessionem tradere et pur-* » *gari dolo malo.* » (2)

2° Puisque l'échange n'est qu'une espèce particulière de vente, ce contrat se formera par le seul consentement. Les actions *empti* et *venditi* naîtront au profit des co-permutants, dès que les volontés se seront rencontrées. L'accord des parties sur les deux choses, objets du contrat, engendrera immédiatement des obligations respectives.

3° L'acquéreur s'aperçoit-il qu'on lui a livré la chose d'autrui, il ne peut, tant qu'il n'est pas évincé, attaquer son vendeur. Il ne devient propriétaire de la chose livrée par

(1) Inst. §. 2. III. 23.
(2) L. 1. — D. XIX, 1.

son véritable maître, que s'il a donné satisfaction à son vendeur, soit en lui transférant la propriété de la chose qui sert de *pretium*, soit en fournissant une caution ou un gage, à moins que son vendeur ne se soit entièrement confié à sa bonne foi, sans exiger aucune sûreté, par exemple en lui accordant un terme pour livrer, auquel cas la chose lui est acquise sur le champ (1).

4° Puisque les obligations respectives des parties naissent par le seul consentement, le co-échangiste qui a exécuté ne peut reprendre la chose livrée par la *condictio ob rem dati, re non secutâ*. Le but qu'il se proposait d'atteindre, la libération de sa propre obligation, a été entièrement rempli.

Le vice de cette doctrine résulte de l'impossibilité où l'on est de distinguer sûrement, dans les objets échangés, lequel est la chose vendue, lequel est le prix : « *Nam utramque* » *videri et venisse et utramque pretii nomine datam esse,* » *absurdum videri.* »

La théorie sabinienne n'offre pas un criterium certain, permettant de déterminer immédiatement quel est le vendeur et quel est l'acheteur, détermination essentielle, puisque les obligations de ces deux personnes ne sont pas identiques. Elle altère l'essence même du contrat de vente, et Gaius, Sabinien lui-même, paraît le reconnaître, puisqu'il pose comme un principe certain que le prix doit consister en argent monnayé : « *Pretium in numeratâ pecuniâ consistere debet.* » (2)

Un jurisconsulte nommé Cælius Sabinus essaya de trouver ce criterium. A ses yeux, jouait le rôle de vendeur celui des deux échangistes qui faisait les premières offres. Cet expédient est insuffisant et irréalisable : si l'une et l'autre partie avaient songé à vendre leur chose, si l'échange avait été leur but direct à toutes deux, la difficulté reparaissait insoluble.

Les Proculiens, au contraire, disposés à admettre les mo-

(1) Just. § 41. II, 1.
(2) Gaius Comm. III. § 141,

difications ou les innovations exigées par une appréciation plus exacte du but que se proposent les contractants, n'hésitèrent pas à voir dans l'échange une convention différente du contrat de vente.

Les obligations du vendeur et de l'acheteur étant dissemblables, il est nécessaire d'assigner à chacune des deux parties contractantes un rôle distinct. Un criterium infaillible doit permettre dans toute hypothèse cette désignation (1). Ce criterium est trouvé si l'on admet que le prix doit consister en une marchandise invariablement déterminée, en argent monnayé ; la confusion est impossible et les rôles des parties sont nettement séparés. En toute autre hypothèse, il y aura échange, contrat sanctionné par une action qu'ils créeront, l'action *prœscriptis verbis*.

La distinction des Proculiens a l'incomparable mérite d'être précise et de donner toujours un résultat certain. En outre, elle est conforme aux idées des Romains qui ont toujours apprécié d'une manière différente la dation d'une somme d'argent et la livraison de toute autre chose : aussi devait-elle prévaloir. La théorie sabinienne est définitivement proscrite à l'époque de Dioclétien (2), et Justinien, dans ses *Institutes*, adopte formellement la doctrine de Labéon.

Cependant la résistance des Sabiniens à accueillir l'action *prœscriptis verbis* a laissé encore quelques traces dans la compilation justinienne, et c'est, comme transaction entre les deux systèmes, qu'on peut admettre la solution donnée par l'empereur Alexandre-Sévère, statuant sur le mode d'exercice du pacte de réméré et celle des empereurs Septime-Sévère et Antonin Caracalla, à l'égard de la *lex commissoria* (3).

Le Code de Justinien contient encore une Constitution de Gordien dont la décision repose sur la distinction inadmis-

(1) L. 1. — D. XIX, 4.
(2) L. 3 et 7 Cod. IV, 64.
(3) L. 2, Cod. IV, 54. — L. 4, D.. XXVIII, 3.

sible de Cœlius Sabinus. Un homme se dispose à vendre un immeuble, l'acquéreur donne un autre immeuble à titre de prix, mais on n'a pas eu le soin de déterminer préalablement la valeur du premier. Le second immeuble est considéré comme le prix du premier, et, par suite, l'acquéreur évincé, sans sa faute et sans le fait du juge, peut, dit Gordien, « *ad exemplum ex empto actionis non immerito id quod interest consequi.* » On s'explique cette décision parce qu'il est ici facile de discerner les rôles respectifs du vendeur et de l'acheteur; aussi l'empereur ajoute-t-il qu'il y aurait échange et que l'action *ex empto* ne serait pas recevable si ni l'un ni l'autre des deux immeubles n'avait été à vendre : « *Cum venalis possessio non esset permutatio facta est.* » Le texte suppose que la chose donnée *loco pretii* n'a pas été estimée. Si l'estimation avait eu lieu, elle aurait déterminé le prix. Ce serait une véritable vente, et la tradition postérieure de cet immeuble aurait constitué une *datio in solutum* (1).

Puisque les Sabiniens confondaient d'une manière générale l'échange avec la vente, à plus forte raison devaient-ils reconnaître les caractères du contrat de vente dans l'hypothèse ou de l'argent monnayé est donné pour obtenir la dation d'une autre chose. Les Proculiens eux-mêmes ne s'y refusent point. Il y a ici une *merx* et un *pretium :* la distinction des rôles est possible, et Paul qui, dans la L. 1 *De rer. permut.*, a soigneusement distingué l'échange de la vente, n'hésite pas à reconnaître l'existence de ce dernier contrat dans le cas où *pecuniam do ut rem accipiam.*

Néanmoins, quelques disciples de Labéon se séparent de Paul sur ce point, et Celsus, dans un texte remarquable, décide que cette hypothèse ne constitue pas un cas de vente; il se refuse même à reconnaître à l'échange le caractère contractuel, repoussant ainsi tout à la fois les doctrines sabinienne et proculienne : « *Dedi tibi pecuniam ut mihi*

____

(1) L. 1. Cod., IV, 64.

» *Stichum dares : Utrum id contractus genus pro portione*
» *emptionis et venditionis est? An nulla hic alia obligatio*
» *est, quam ob rem dati, re non secutâ? In quod proclivior*
» *sum* (1). »

Selon ce jurisconsulte, l'échange impliquant une double
translation de propriété, l'échangiste qui n'est pas rendu
propriétaire est fondé à se plaindre et à agir immédiatement pour obtenir la restitution de la chose par lui livrée.
Or, l'hypothèse *dedi pecuniam ut rem accipiam* comporte
la nécessité absolue d'une double translation de propriété.
Donc l'auteur de la dation pourrait agir sur le champ, tandis
que l'acheteur non évincé ne peut exercer de recours, sauf
le cas où le vendeur était de mauvaise foi. Aussi Celse se
refuse-t-il à appliquer ici les principes de la vente. Son opinion maladroitement conservée par Justinien doit être repoussée. Rien ne s'oppose, en effet, à ce que, par un *pac-*
tum adjectum in continenti, le vendeur ne s'oblige à transférer la propriété; le contrat auquel ce pacte est ajouté n'en
mérite pas moins la dénomination de vente. Aucun élément
essentiel n'est modifié, l'obligation du vendeur est seulement
plus étendue.

Quelques commentateurs veulent expliquer la diversité
des opinions de Paul et de Celse en supposant que Paul
avait en vue une somme d'argent considérée comme quantité et Celse une somme considérée comme corps certain.
Cette manière d'interpréter le mot *pecunia* également employé par les deux jurisconsultes ne mérite pas une réfuta-
tion. Il a été imaginé un autre système pour concilier ces
deux textes; nous l'examinerons à propos de la délivrance.

Donc, à l'époque du jurisconsulte Juventius Celsus,
contemporain de l'empereur Adrien et de Salvus Julianus,
l'échange était diversement caractérisé. La généralité des
Sabiniens faisaient rentrer ce contrat dans la vente, et la
simple convention était obligatoire. Quelques prudents refu-

______

(1) L. 16. D., XII, 4.

saient à l'échange non-seulement le caractère de vente,
mais même la qualification de contrat, tant que la convention n'avait pas été suivie d'une exécution réciproque; jusqu'à l'accomplissement de la seconde dation, l'aliénation a
été faite sans cause. La chose livrée peut être répétée par la
condictio ob rem dati, re non secutâ. Néanmoins, si l'objet
livré a été aliéné par l'acquéreur, le tiers devenu propriétaire n'a aucune poursuite à craindre. L'aliénateur primitif
obtient à la place de la *condictio* une action de *dol* contre
l'accipiens (1).

D'autres jurisconsultes enfin font de l'échange un contrat
spécial. La simple convention n'est pas obligatoire; mais
l'exécution unilatérale est tout à la fois nécessaire et suffisante pour qu'elle soit sanctionnée par une action accordée
à l'auteur de la dation. Cette doctrine a prévalu avec raison.
C'est la seule qui tienne en compte exact de l'intention réciproque des parties et du but dans lequel la dation a été faite.
C'est celle de Paul.

Avec le préfet du prétoire d'Alexandre Sévère, il faut
admettre que la *permutatio rerum* rentre toujours dans le
contrat *do ut des*. Cependant, quelques interprètes, notamment le président Favre et Glück, reproduisant implicite-
ment la doctrine de Juventius Celsus, prétendent que l'é-
change diffère, à plusieurs points de vue, du contrat *do ut
des*.

Favre et Glück distinguent :

1° Le *placitum permutationis*, pacte nu qui ne peut engendrer d'obligation que s'il a été revêtu des formes de la
stipulation ;

2° La remise que l'une des parties fait à l'autre pour recevoir une dation corrélative; il y a bien alors un contrat
générateur d'obligations civiles, mais ce n'est pas le contrat
d'échange ;

3° Le contrat d'échange naissant lorsque les deux contractants ont chacun exécuté le *placitum permutationis*. « L'é-

______
(1) L. 4. Cod. IV, 64. — L. 4. Cod. II, 21.

» change, dit Favre, suppose toujours nécessairement une
» convention antérieure, un *placitum permutationis* qui dé-
» termine que l'intention des parties a été de faire un
» échange et non autre chose. Le *do ut des*, au contraire, ne
» suppose point cette convention préalable. Il se peut qu'une
» partie transfère une chose sans intention d'exécuter aucun
» pacte antérieur et dans le seul but d'obtenir de son co-
» contractant une transmission réciproque. »

Ce système est entièrement inadmissible. Prétendre que
l'échange suppose nécessairement une convention antérieure
qui n'existera point dans le *do ut des*, est une assertion purement gratuite, dénuée de toute espèce de preuve. Le *do rem
ut rem des* implique toujours, au contraire, une convention,
sinon antérieure, du moins concomitante à la première
transmission. Il peut arriver, qu'en fait, aucun pacte antérieur ne soit intervenu ; mais la partie qui fait la dation dans
le but d'obtenir une transmission réciproque fera évidemment connaître cette intention à son co-contractant.

Favre va encore plus loin. Il admet que, lorsque par un
pacte antérieur, deux personnes se sont promis de se transférer réciproquement la propriété de deux objets, si l'une
d'elles opère la dation purement et simplement sans rappe-
ler le *placitum permutationis*, l'autre contractant n'est pas
obligé à une dation réciproque ; ce dernier n'a accepté
qu'une dation pure et simple. L'esprit se refuse à comprendre que l'*accipiens* puisse, de bonne foi, croire à une dation
pure et simple, alors que le pacte antérieur donnait à cette
dernière sa véritable physionomie. Favre s'appuie sur le
§ 4 de la L. 1. D. *de rerum permutatione :* « Si donc, l'une
» des parties a donné sa chose et que l'autre refuse de
» donner la sienne, la première n'a pas d'action pour faire
» condamner l'autre à l'indemniser de l'intérêt qu'elle a
» d'avoir la chose ; elle peut seulement agir par la *condictio
» ob rem dati, re non secuta* pour se faire rendre sa chose. »
Mais il a le tort grave de séparer ce texte de la phrase qui
le précède, où Paul suppose, en reproduisant l'opinion de

Pédius, qu'on transmis la chose d'autrui : « C'est ce qui fait
» dire à Pédius que si une partie donne une chose qui ne
» lui appartient pas, il n'y a pas d'échange. » Il est bien
évident qu'alors le contrat d'échange n'a pas pu se former,
puisqu'il n'y a pas eu dation dans le sens juridique du mot,
c'est-à-dire translation de propriété.

L'interprétation de Favre et de Glück doit donc être mise
de côté comme contraire aux principes définitivement admis
par les jurisconsultes (1).

Ainsi, en résumé, l'échange consiste dans la dation d'une
chose autre que de l'argent monnayé accomplie en vertu
d'une convention préexistante au concomitante dans le but
d'obtenir en retour la dation d'une autre chose. Il ne peut
donc avoir pour objet que des choses susceptibles d'appro-
priation privée et ne peut être formé qu'entre personnes
capables d'aliéner.

En règle générale, le propriétaire peut aliéner, et le non-
propriétaire ne le peut pas ; mais il arrive quelquefois que
certaines personnes, quoique non-propriétaires d'une chose,
ont le droit de l'aliéner, tandis que certains propriétaires
n'ont pas le droit d'aliéner la chose qui leur appartient.

C'est ainsi que sous Auguste, la loi *Julia de adulteriis
et fundo dotali* décida que le mari, quoique propriétaire, ne
pourrait aliéner les immeubles dotaux, sans le consentement de sa femme : « *Dotale prædium maritus invitâ mu-*
» *liere per legem Juliam prohibetur alienare, quamvis ip-*
» *sius sit, vel mancipatum ei dotis causâ, vel in jure ces-*
sum, vel usucaptum. » (2)

Cette prohibition de la loi Julia ne s'appliquait, d'ailleurs,
ni aux meubles, ni aux immeubles constitués en dot avec
estimation et même, d'après l'opinion la plus généralement
admise, cette loi n'interdisait pas l'aliénation des fonds pro-
vinciaux, mais seulement des fonds italiques.

Plus tard, Justinien déclara que le mari ne pourrait ni

(1) Faber. — Conjecturarum. Lib. VI. cap. 9. Glück. — Tome XVIII. § 1070.
(2) Gaius — Comm. II. § 63.

hypothéquer, ni aliéner, ni, par conséquent, échanger le fonds dotal, même avec le consentement de sa femme, que ces immeubles dotaux soient situés dans les provinces ou en Italie.

Il est encore d'autres personnes qui ne peuvent aliéner ce qui leur appartient.

Tant qu'il était *infans*, l'impubère était considéré comme incapable de savoir ce qu'il faisait ; il ne pouvait ni contracter, ni aliéner; ses biens étaient administrés par son tuteur qui, dans l'ancien droit du moins, pouvait vendre et, par suite, échanger toutes choses appartenant au pupille *quæ sunt periculo subjectæ, quæ tempore depereunt*. Depuis Constantin, le tuteur ne peut rien aliéner, *sine interpositione decreti*, à l'exception des choses inutiles et de faible valeur.

Lorsque le pupille devenait *infantiæ proximus*, il était traité avec plus de bienveillance : il pouvait, pourvu qu'il eût *aliquem intellectum*, agir individuellement et figurer dans un acte, soit avec *l'auctoritas tutoris*, soit même seul, selon les cas, sinon dans l'ancien droit, du moins à une époque qui ne nous est pas parfaitement connue et que nous savons seulement être antérieure à Gaius.

Quant au pupille *pubertati proximus*, il pouvait, sans l'autorisation de son tuteur, faire sa condition meilleure, c'est-à-dire acquérir ou se libérer d'une charge ; mais, il ne pouvait pas, sans cette même autorisation, la faire pire, c'est-à-dire s'obliger ou aliéner.

Lors donc que le pupille contracte un échange, *sine tutoris auctoritate*, les objets qu'il livre ne deviennent pas la propriété du majeur qui les reçoit; son co-échangiste n'en étant que possesseur, le pupille pourra les revendiquer contre lui.

Si ces objets ont été consommés ou détruits de bonne foi par son co-permutant, qui croyait les avoir reçus d'une personne capable de les aliéner, le pupille pourra intenter immédiatement les actions qui naissent de l'échange, alors même qu'il aurait expressément accordé un terme pour l'exécution du contrat. Si, au contraire, c'est de mauvaise foi que les choses ont été détruites, le pupille aura l'action *ad exhibendum* pour faire condamner son co-permutant à la somme qu'il fixera lui-même, sous la foi du serment, comme représentant le dommage qu'il a éprouvé par suite du dol de celui-ci.

De ce que le pupille peut acquérir, sans l'autorisation de son tuteur, il résulte qu'il devient immédiatement propriétaire des objets livrés, lorsque son co-permutant livre le premier sa chose, et que ce dernier ni peut ni revendiquer les objets qu'il a livrés, ni obliger le pupille à exécuter. Cependant, la plupart des jurisconsultes romains sont d'accord pour admettre que le pupille est tenu d'une obligation naturelle, indépendamment de tout enrichissement, et qu'il peut être poursuivi *quatenus locupletior factus est :* « *Nam in pupillum non tantum tutori verùm cuivis ac-* » *tionem, in quantum locupletior factus est, dandam divus* » *Pius rescripsit.* » (1)

Lors enfin que les deux contractants ont exécuté leur obligation, le pupille acquiert la propriété de la chose qu'il a reçue, mais il ne transfère pas la propriété de l'objet qu'il a donné en échange, *sine tutoris auctoritate* ; il conserve donc le droit de revendiquer sa chose, tant qu'elle n'a pas été détruite ; seulement, son co-permutant pourra repousser sa revendication par l'exception de dol, s'il se refuse à restituer la chose que celui-ci lui a livrée. Dans le cas où son co-échangiste aura détruit de bonne foi la chose reçue en échange, le pupille ne pourra plus la revendiquer.

A l'exception des Vestales, les femmes *sui juris* étaient soumises à une tutelle perpétuelle, dans le droit primitif : « *Veteres voluerunt,* nous dit Gaius, *feminas etiam si per-* » *fectæ ætatis sint, propter animi levitatem in tutela* » *esse.* » (2) Mais, dans les derniers temps de la République, la tutelle des femmes devint si peu rigoureuse que

(1) L. 5. pr. D. XXVI, 8. —(2) Comm. 1. § 144.

Cicéron put dire dans un de ses discours « Nos ancêtres
» voulurent que toutes les femmes fussent au pouvoir des
» tuteurs ; les jurisconsultes inventèrent des espèces de
» tuteurs qui se trouvèrent au pouvoir des femmes. » (1)

Les lois *Julia* et *Papia Poppæa* affranchirent de toute
tutelle les femmes ingénues qui auraient trois enfants et des
tutelles autres que celle du patron, les affranchies qui se
trouveraient dans le même cas.

Seuls, les tuteurs légitimes conservèrent leur pouvoir,
excepté les *agnats* dont la tutelle avait été supprimée par
la loi *Claudia* ; le préteur ne pouvait pas les obliger à donner leur *auctoritas* pour les aliénations que les femmes ne
pouvaient faire seules, à moins d'une grande nécessité.
Mais cette législation, qui existait encore du temps d'Ulpien (2), était entièrement tombée en désuétude sous Constantin (3), et les femmes ne furent plus soumises à la tutelle
que jusqu'à leur puberté.

Les *furiosi* et les prodigues, même majeurs de 25 ans,
étaient également incapables d'échanger ; car la loi des
XII Tables les avait placés sous la curatelle de leurs agnats (4). Le curateur d'un *furiosus* ne pouvait aliéner les
biens de son pupille que dans les bornes de la simple administration de ces biens , « *Nisi ex magnâ utilitate furiosi*
» *hoc cognitione judicis faciat* (5). » Le *furiosus* n'était cependant pas frappé d'une incapacité absolue ; les échanges
par lui consentis dans un intervalle lucide produisaient tous
leurs effets.

Pour tomber sous la curatelle de ses agnats, le prodigue
devait d'abord être frappé par le préteur d'une interdiction dont la formule nous a été conservée par Paul : « *Quando*
» *tibi bona paterna avitaque nequitiâ disperdis, liberosque*
tuos ad egestatem perducis, ob eam rem tibi ære commercio-
que interdico (6). »

<hr>

(1) Pro. mur. C. XXII, 27. — (2) Ulp. Reg. XI. § 8. — (3) L, 2. § 1. C. II, 45.
(4) Ulp. Reg. XII. § 2. — Inst. § 3. I, 23. — (5) L. 17. D. XVII, 10. — (6) Sen-
tences. § 7. III, 4, a.

La position du prodigue interdit était assimilée à celle du pupille *pubertati proximus :* Il était capable de rendre sa condition meilleure, mais incapable de la rendre pire : il pouvait contracter des échanges valables avec l'assistance de son curateur.

Le préteur donnait aussi des curateurs aux prodigues non interdits, aux insensés *(mente capti)*, aux sourds, aux muets et à ceux qui étaient atteints d'une maladie perpétuelle *(qui perpetuo morbo laborabant).* Toutes ces personnes pouvaient valablement échanger, sans l'assistance de leur curateur, lorsqu'elles se trouvaient dans un intervalle lucide ; elles n'avaient besoin de son appui que lorsqu'elles ne jouissaient pas de toutes leurs facultés.

Les pubères, mineurs de 25 ans, bien que parfaitement capables de s'obliger et d'aliéner, d'après le droit strict, pouvaient quelquefois se trouver en curatelle ; « *Quia licet* » *puberes sint, adhuc tamen ejus ætatis sunt ut sua nego-* » *tia tueri non possint* (1) » Il en était de même des femmes qui avaient atteint l'âge de la puberté depuis que l'usage de la tutelle perpétuelle avait été abandonné.

Le pubère, mineur de 25 ans, pouvait même être obligé d'avoir un curateur, pour soutenir un procès (2); pour recevoir les comptes de s on tuteur (3), et pour recevoir un paiement (4).

Le mineur de 25 ans avait la faculté, en vertu de la loi *Platoria*, de faire annuler l'échange qu'il avait consenti sans l'assistance d'un curateur, lorsque cet échange lui était préjudiciable; il pouvait même faire prononcer par le préteur des condamnations graves contre le majeur qui avait profité de son inexpérience pour le dépouiller.

Le préteur pouvait porter secours au mineur de 25 ans qui n'avait pas de curateur en lui accordant l'*in integrum restitutio*, en remettant le mineur dans l'état où il se trou-

______

(1) Inst. pr, I, 23. — (2) Inst. § 2. I, 23.—(3) L. 7. Cod. V, 31. —(4) L. 7. § 2. D. IV, 4.

vait avant d'avoir contracté, lorsqu'il reconnaicsait que celui-ci avait éprouvé une lésion importante.

Lors donc qu'il avait un curateur, le mineur de 25 ans pouvait aliéner aussi bien qu'un majeur. Cependant Septime-Sévère et Constantin exigèrent un décret du magistrat, le premier pour que le mineur de 25 ans pût valablement aliéner ses *prædia rustica et suburbana,* le second pour qu'il pût aliéner ses biens quelconques.

De plus, les tuteur, curateur, procureur et tous ceux qui géraient la fortune d'autrui ne pouvaient acquérir les biens dont la gestion leur était confiée (1).

De même, un officier public chargé de l'administration de » certaines choses ne peut rien acheter de ce qui fait l'ob- » jet de son administration, ni par lui-même, ni par autrui. » S'il contrevient à ces dispositions, non-seulement il perd » la chose qu'il a achetée, mais il est, en outre, condamné » au quadruple, suivant une Constitution des empereurs » Sévère et Antonin. Cette décision doit s'étendre au pro- » cureur chargé de l'administration des affaires du Prince ; » mais elle souffre une exception à l'égard des officiers qui » ont obtenu une permission expresse d'acheter les choses » qui dépendent de leur administration (2). »

Enfin, la loi 62 *eod. tit.* déclare que celui qui est pourvu d'une charge publique ou d'un emploi militaire dans une province ne peut acheter un fonds de terre, à moins que ce ne soit des biens appartenant à ses ascendants vendus au nom du fisc. Ces règles sont parfaitement applicables à l'échange.

L'échange est un contrat commutatif et à titre onéreux.

C'est aussi un contrat synallagmatique comme tous les autres contrats innommés. A première vue, cependant, il paraît rentrer dans la classe des contrats unilatéraux. En effet, si le pacte qui le précède ou l'accompagne est synallagmatique, l'échange ne prenant naissance que par une

(1) L. 34. § 7. D. XVIII, 1.
(2) L. 46. XVIII, 1.

dation efficace, on pourrait dire que l'auteur de la prestation a bien lié civilement l'autre partie, mais sans s'obliger lui-même. Le co-permutant qui a exécuté a voulu seulement obliger son co-échangiste envers lui et non point s'acquitter; il n'avait aucune obligation avant la dation; la dation opérée, il n'est tenu à rien. On peut donc prétendre que le contrat d'échange est forcément unilatéral, que son mode de formation entraîne nécessairement cette conséquence.

Cette argumentation, qui semble corroborée par le § 2 de la L. 1. D. *de rerum permutatione*, ne nous paraît pas plus décisive qu'à M. Accarias (1). Nous ne dirons pas, comme lui, que le pacte synallagmatique imprime absolument sa nature au contrat, mais nous remarquerons avec le savant professeur de la Faculté de Droit de Paris que pour les jurisconsultes romains qui admettent l'existence de l'échange comme contrat, la partie qui a exécuté et qui, sans aucun doute, pouvait se dispenser de le faire, est considérée, après coup, comme ayant acquitté une obligation. Cette manière de voir est la seule qui permette d'expliquer la solution fournie par Paul sur la question des risques : « Je vous ai » donné des coupes pour que vous me donniez Stichus; » Stichus périt par cas fortuit avant la livraison ; sur qui va » tomber la perte ? Sur moi, dit Paul, qui non-seulement ne » pourrai réclamer des dommages-intérêts, mais pas même » répéter les coupes que j'ai livrées. » Or, comment comprendre cette réponse, si j'étais considéré comme ayant livré les coupes, sans les devoir ? Je n'ai fait qu'acquitter une obligation, tout comme l'acheteur qui ayant payé son prix ne peut le répéter si le corps certain, objet du contrat de vente, vient à périr par cas fortuit.

En outre, les obligations des co-échangistes ne se bornent pas à transférer la propriété des choses échangées : la partie qui a rendu l'autre propriétaire est obligée civilement à la garantir des évictions qu'elle peut souffrir. Or, il est bien certain qu'il est tenu de la garantie en cas d'éviction et à

(1) *Théorie des Contrats innommés*, p. 25.

raison des vices cachés de la chose livrée en échange, celui qui a donné naissance aux obligations civiles de son co-permutant en exécutant le premier le pacte d'échange. Le contrat est donc synallagmatique.

Nous reviendrons plus tard sur cette question et nous constaterons une divergence d'opinion entre Julien et Mauricien. Ce dernier jurisconsulte admet que l'action *præscriptis verbis* doit être donnée à celui qui, ayant exécuté la convention, est évincé de l'esclave Stichus (1). De plus, les édiles curules n'hésitaient point à accorder aux échangistes les actions édilitiennes résultant des vices rédhibitoires, ce qui implique bien une obligation simultanée des deux parties : « *Sed si quis permutaverit, dicendum est utrumque* » *emptoris et venditoris loco haberi et utrumque posse ex hoc edicto experiri* (2). »

On s'est encore demandé si l'échange est un contrat synallagmatique parfait ou imparfait, d'abord parce que l'échange est un contrat réel, et que des quatre contrats réels nommés, l'un est unilatéral, le *mutuum*, et les trois autres sont synallagmatiques imparfaits : le dépôt, le commodat et le gage ; ensuite parce que l'on peut prétendre que les obligations de garantie qui existent à la charge de la partie qui a livré sa chose, ne dérivent que d'un fait postérieur au contrat, l'éviction ou la découverte du vice de la chose. Pour nous, la question n'est point douteuse ; l'assimilation que fait le texte que nous venons de citer, la tendance qu'avaient les Sabiniens à confondre l'échange avec la vente, la solution donnée par Paul, en matière d'éviction, tout nous paraît concourir à prouver que ce contrat rentre dans la classe des contrats synallagmatiques parfaits.

(1) L. 7, § 2. — D. II, 14.
(2) L. 19, § 5. — D. XXI, 1.

CHAPITRE II.

DES OBLIGATIONS DES CO-ÉCHANGISTES.

Les obligations des co-échangistes ont pour objet :

1° La délivrance de la chose objet de la seconde transmission ;

2° La translation de propriété qui doit accompagner chacune des deux traditions;

3° La garantie que se doivent réciproquement les échangistes.

Quelques personnes ajoutent que, dans certaines hypothèses, la partie qui la première a accompli la dation peut
se faire restituer par l'autre partie la chose livrée. Nous ne
pouvons partager cette manière de voir. La demande en
restitution qui s'opère à l'aide de la *condictio ob rem dati
re non secutâ* est exclusive de l'idée de contrat et, par suite,
cette obligation de restituer, reste des anciennes théories
admises en matière de contrats innommés, ne peut être présentée comme un des effets du contrat d'échange. Nous en
traiterons lorsque nous examinerons les conditions d'exercice de la *condictio ob rem dati* admise par la majorité des
jurisconsultes, même par ceux qui faisaient de l'échange un
véritable contrat.

§ I. — *De la délivrance.*

Le co-permutant, au profit duquel a été opérée la dation
de la chose remise par l'autre partie, est tenu de livrer à
son tour le corps certain et déterminé, objet de son obligation. Tel est le sens de la L. 1. § 2. D. *de rerum permutatione* : « *Permutatio ex re traditâ initium obligationi
» prœbet.* » Ainsi, par exemple, Primus a donné à Secundus
des coupes pour obtenir l'esclave Stichus; Secundus doit
livrer l'esclave à l'époque et au lieu convenus; mais cette

délivrance sera quelquefois impossible et il peut se présenter diverses hypothèses intéressantes. Examinons-les :

1° A l'époque de la livraison des coupes, l'esclave Stichus est déjà mort. Le contrat d'échange n'a pas été formé faute d'objet ; Primus ne pourra réclamer une indemnité représentative de l'intérêt qu'il avait à devenir propriétaire de Stichus. On est en présence d'une dation opérée dans un but non réalisable, et Primus pourra redemander à Secundus les coupes par la *condictio ob rem dati, r3 non secutâ.*

2° L'esclave Stichus existait au moment de la livraison des coupes par Primus à Secundus. Le contrat d'échange s'est formé et Secundus est tenu de *dare Stichum* ; mais Stichus vient à périr par cas fortuit et avant toute mise en demeure de Secundus. La perte, nous dit Paul qui applique ici les principes généraux, retombe sur le créancier, le débiteur n'étant responsable que de sa faute : « *Si scyphos tibi dedi, ut Stichum mihi dares, periculo* » *meo Stichus erit, ac tu duntaxat culpam prœstare* » *debes.* » (1) Dioclétien et Maximien adoptent la solution de Paul dans un cas où il n'y a pas, il est vrai, à proprement parler, échange, mais on peut, des termes employés par ces empereurs, conclure qu'ils auraient donné une solution semblable dans un cas d'échange, proprement dit : « *Pecuniam a te datam ; si hœc causa, pro qua data est, non* » *culpa accipientis, sed fortuito casu non secuta est, mi-* » *nimè repeti posse certum est.* » (2)

Nous avons déjà remarqué que le jurisconsulte Celse ne reconnaissait pas à l'échange le caractère de contrat ; aussi, ne faut-il pas s'étonner qu'il donne pour cette hypothèse une solution toute différente, et admette que Primus peut réclamer les coupes par lui livrées : « *Et ideo, si mortuus* » *est Stichus, repetere possum quod ideo tibi dedi, ut mihi* » *Stichum dares.* » (3)

(1) L. 5, § 1. D. XIX. 5.
(2) L. 10. Cod. XIX, 5. — (3) L. 16. D. XII, 4.

En effet, pour lui, la personne qui donne *ob rem* n'oblige pas l'autre à donner à son tour la chose convenue. Pour *l'accipiens* il n'y a qu'une invitation et non pas une obligation d'exécuter l'autre dation. L'opération n'est définitive et irrévocable que quand la seconde dation est opérée. Aussi, Celse se garde-t-il bien de dire qu'il y a contrat, et il se demande : « *An nulla hic obligatio est quam ob rem* » *dati, re non secutá ? In quod proclivior sum.* »

A ce propos, M. Accarias fait un rapprochement fort significatif. Il remarque que lorsque Ariston, le jurisconsulte dont la doctrine en matière de contrats innommés est nette et définitive, formule la notion des contrats nés d'une dation, ce n'est point sur l'invitation d'un juge ou d'un plaideur, mais bien en réponse à une consultation demandée par le jurisconsulte Celse lui-même. La solution de ce dernier auteur ne peut donc, en présence de ses propres doutes, être admise comme contenant le dernier mot de la théorie de l'échange. (1)

Quelques commentateurs ont prétendu que Paul et Celse ne statuaient pas sur la même hypothèse. Celui-ci supposerait le décès de Stichus, avant la livraison des coupes ou des écus. (2) Cette explication est inadmissible, car elle prête gratuitement au jurisconsulte un raisonnement dénué de sens. Il se propose d'indiquer les différences existant entre la vente et la *datio ob rem* ; or, sa solution serait parfaitement exacte dans le cas de vente (3) et les mots *in quod proclivior sum et ideo* n'auraient plus aucune signification. Du reste, rien dans le texte ne permet de supposer le prédécès de Stichus.

Il vaut mieux reconnaître avec MM. Machelard et Accarias qu'il existe une contradiction formelle entre l'opinion de Celse et celle de Paul. (4) Si Justinien a eu le tort de con-

(1) Accarias, oper. cit, p. 123.
(2) Vachter, de Condict, caus. dat. p. 62. Vangerou. Lehrbuch der Pandekten. t. 3, § 591.
(3) L. 57. D. XVIII. 1.
(4) Machelard. oblig. nat. p. 68.

server la première dans un recueil ayant force de loi, nous devons nous féliciter de cet oubli législatif qui nous permet, joint à beaucoup d'autres, de suivre le développement successif de la théorie de l'échange.

Pour les interprètes qui, avec Doneau, Pothier et Gluck, réservent à l'auteur de la dation le *jus pœnitendi* et admettent que celui *qui dedit* est devenu créancier, sans devenir débiteur, les risques ne sont pas à la charge de Primus ; c'est là une conséquence toute naturelle de la position favorable qui lui est faite. (1) Mais nous verrons, en traitant du droit sanctionnateur, que la *condictio ob pœnitentiam* doit être rejetée en matière d'échange ; par suite, la solution de ces commentateurs, relative aux risques, doit aussi être repoussée. Conformément à la théorie générale, *l'accipiens* répond, quant à la perte de la chose due, de son dol, de la faute lourde et doit la diligence et les soins d'un bon père de famille. (*Culpa levis in abstracto.*)

3° Primus a donné à Secundus des coupes pour que celui-ci lui trasférât la propriété de l'esclave Stichus. Si Secundus n'accomplit pas son obligation et qu'il se laisse constituer en demeure, la perte sera à sa charge, conformément aux principes généraux.

§ II. — *De l'obligation de transférer la propriété.*

Le contrat d'échange nécessite pour sa formation et pour son exécution un double transfert de propriété. La première livraison doit être translative pour donner naissance au contrat, et *l'accipiens*, à son tour, est tenu de l'obligation de *dare rem*. Examinons successivement les conséquences d'une tradition non translative de propriété opérée par l'une et par l'autre partie.

1° Si la première tradition n'a pas eu pour effet de transférer la propriété ou tout autre droit réel, le contrat d'é-

____

(1) Doneau, de jur. civ. XIV. cap. 21. — Pothier-Pand, ad. leg. 16 de cond. caus. dat. — Gluck. XIII, § 823.

change n'est pas né; un élément essentiel fait ici défaut, et c'est avec raison que Pedius nous dit : « *Alienam rem dan-* » *lem, nullam contrahere permutationem.* » Si l'*accipiens* s'aperçoit qu'on lui a livré la chose d'autrui avant qu'il ait exécuté le pacte d'échange, il pourra se refuser à cette exécution, et l'autre partie répétera la chose livrée par la *condictio ob rem dati, re non secutâ* (1).

Si l'*accipiens* exécute et transmet par une dation efficace la chose qu'il avait promise, cette dernière dation fait naître le contrat d'échange. L'auteur de cette dation génératrice peut, quand il s'aperçoit qu'il n'a pas été rendu propriétaire de la chose à lui livrée, intenter l'action *præscriptis verbis* pour obtenir de son co-permutant « *quanti interest* » *illud de quo convenit accipere.* » Il n'est pas obligé pour intenter cette action, bien que le *tradens* ait été de bonne foi, d'attendre que l'éviction se soit produite. Dans la plupart des cas, à la vérité, c'est par la revendication du véritable propriétaire qu'il apprendra qu'on lui avait livré la chose d'autrui (2).

Bien que la tradition d'une *res mancipi* ne constitue pas, à proprement parler, une dation dans le vrai sens du mot, néanmoins, comme l'*in bonis habens* est dans ce cas protégé par l'action publicienne, corroborée par un *exceptio doli vel rei traditæ*, nous pensons que, pour des esprits pratiques comme les jurisconsultes romains, il y avait une dation suffisante pour former le contrat d'échange. En conséquence, l'*accipiens* ne pourra pas se refuser à effectuer à son tour la dation promise.

La même solution doit être donnée, à plus forte raison, si l'*accipiens*, avant d'être mis en demeure d'exécuter son obligation, est devenu propriétaire par l'effet de l'usucapion. L'obligation du co-permutant, auteur de la première tradition, se trouve accomplie et le contrat est formé.

2° Si nous supposons actuellement que la première tradi-

(1) L. 1. § 4. D. XIX, 4.
(2) L. 7. § 2. D. II, 14.

tion a été translative de propriété et que l'*accipiens* livre une chose dont il n'était pas propriétaire, on pourra, par l'action *præscriptis verbis*, lui demander des dommages-intérêts, comme le décident Ariston et Mauricien.

Nous verrons plus tard qu'à ces diverses hypothèses tous les jurisconsultes n'attachaient pas les actions par nous proposées, mais nous nous plaçons à l'époque du développement définitif et complet de notre matière.

3° Primus et Secundus se sont réciproquement livrés des choses dont ils n'étaient pas propriétaires. Le contrat d'échange n'a évidemment pas pu se former, et nous leur accorderons alors à chacun, pour reprendre ce qu'ils ont livré, la *condictio ob rem dati, re non secuta*, action qui est exclusive de toute idée de contrat.

§ III. — *De la garantie.*

Le vendeur est tenu de garantir à l'acheteur la possession paisible et utile de la chose. Ce dernier ne peut recourir en garantie contre le vendeur de bonne foi que s'il a été évincé ou menacé d'éviction (1). Dans l'échange, au contraire, chaque partie est tenue de garantir à l'autre la propriété de la chose livrée. Le co-échangiste, qui reconnaît qu'on ne lui a pas transféré la propriété, peut agir contre l'autre partie, même en l'absence de toute éviction consommée ou imminente. L'éviction par lui soufferte donne naissance au recours en garantie; mais, ici, quelques distinctions sont essentielles.

Première hypothèse.—Primus a livré à Secundus la chose d'autrui. Avant d'exécuter la dation par lui promise, Secundus découvre qu'il n'a pas été rendu propriétaire où il est évincé. A-t-il une action en garantie contre Primus? Evidemment non. Le contrat *do ut des* ne s'est pas formé. En réalité, aucune obligation n'a pris naissance de part ni d'au-

(1) L. 30. § 1. D. XIX, 1.

tre. Secundus peut seulement se refuser à livrer ce qu'il a promis, en alléguant la non-existence du contrat et en restituant à Primus l'objet déjà reçu.

Deuxième hypothèse. — Une double tradition a eu lieu. L'un des contractants qui a rendu l'autre propriétaire est évincé ou il est menacé de l'être, ou même simplement, il s'aperçoit qu'on lui a livré *rem alienam.* Le contrat s'étant formé, puisque la dation de l'une des parties a été efficace, le co-permutant évincé pourra agir contre l'autre pour se faire indemniser à concurrence de l'intérêt qu'il avait à devenir propriétaire : « *Si ea res,* dit Paul, *quam dederim, vel* » *acceperim postea evincatur, in factum dandam actionem respondetur.* (1). »

Dans ce texte, Paul ne distingue pas si la chose évincée a été livrée la première ou la seconde; dans les deux cas, il accorde un recours à l'échangiste évincé.

L'éviction peut être totale ou partielle : lorsqu'il y a éviction partielle, les droits des co-permutants sont exactement les mêmes que dans le cas d'éviction totale. Ainsi, par exemple, un tiers revendique-t-il un droit d'usufruit ou d'hypothèque dans le fonds livré en échange, l'*accipiens* n'a pas été rendu plein et entier propriétaire et, par suite, l'obligation de son co-permutant n'a pas été remplie.

L'obligation de garantie est un élément naturel du contrat d'échange. Elle n'a donc pas besoin d'être stipulée, mais, comme en matière de vente, l'échangiste a la faculté d'exiger une promesse de garantie contre l'éviction. Ce droit lui est accordé par Celse (2). Il est vrai que ce jurisconsulte, comme nous l'avons déjà constaté, ne reconnaissait pas l'existence de l'échange en tant que contrat, et qu'il accordait la *condictio ob rem dati, re non secutâ* contre le co-échangiste qui se refuse à faire cette promesse. Mais nous ne voyons pas pour quel motif les jurisconsultes qui clas-

(1) L. 1. § 1. D. XIX, 4.
(2) L. 16. — D. XII, 4.

saient l'échange parmi les contrats innommés auraient pu refuser cette faculté aux co-échangistes alors que, comme l'acheteur, ceux-ci peuvent exiger une promesse de garantie en ce qui concerne les vices rédhibitoires (1).

Ce droit présente d'incontestables avantages pour les co-échangistes : au lieu de l'action *præscriptis verbis*, ils pourront user de l'action *ex stipulata* qui est de droit strict ; en outre, le stipulant n'est pas tenu de prouver, comme le co-échangiste agissant en cette seule qualité, qu'il a lui-même transféré la propriété de la chose livrée ; il lui suffit de prouver le fait de la stipulation.

En présence de cet intérêt et des ressemblances existant entre la vente et l'échange, il faut reconnaître aux co-permutants la faculté d'exiger la promesse de garantie ; mais, à la différence de la vente, la stipulation est du simple et non du double. Dans la vente, si l'acheteur n'avait pas exigé cette promesse lors de la formation du contrat, il ne pouvait la réclamer après coup tant qu'on n'eût pas admis que la *stipulatio duplæ* serait sous-entendue. Au contraire, l'échangiste pouvait, même après avoir exécuté le pacte d'échange, demander une promesse de garantie.

M. Accarias se demande si l'échangiste auteur de la seconde dation, lequel est tenu de promettre *de evictione*, peut exiger de son co-échangiste une promesse semblable (2). Il résout cette question négativement ; mais les raisons sur lesquelles il s'appuie ne nous ont pas paru convaincantes. Il nous semble que chacun des co-échangistes doit obtenir les mêmes avantages. Puisque celui qui a exécuté le premier peut encore réclamer cette promesse de garantie, nous ne voyons pas pourquoi le fait d'avoir accompli la seconde dation impliquerait une renonciation à cette faculté. Pas plus que l'auteur de la première dation, le co-échangiste qui opère la deuxième ne consent à suivre la foi de son co-contractant.

Dans l'échange, comme dans la vente, l'obligation de ga-

(1) L. 2. — D. XIX, 4. — (2) *Théorie des Contrats innommés*, p. 121.

rantie incombe aux parties, non-seulement à raison de l'éviction, mais aussi à l'égard des vices rédhibitoires, des défauts cachés de la chose qui sont de nature à en diminuer l'usage.

Nul n'ignore qu'à Rome les édiles curules étaient spécialement chargés de la police des marchés, et que, par suite, on en vint à considérer les contrats qui se font habituellement dans les marchés et particulièrement les ventes d'esclaves ou d'animaux comme étant de la compétence de ces magistrats plutôt que de celle du préteur. C'est donc dans l'édit des édiles que se trouvent la plupart des règles sur la garantie qui est due par le vendeur à l'acheteur. Or, il résulte de cet édit que l'acheteur peut demander la résolution de la vente et se faire remettre dans la situation où il se trouvait avant la formation du contrat, lorsqu'il s'aperçoit, dans un certain délai, que la chose acquise était, au moment du contrat, affectée de tels ou tels défauts qui la rendaient impropre à l'usage auquel elle était destinée.

Ces dispositions s'appliquaient aussi bien à l'échange qu'à la vente. La garantie des vices rédhibitoires est réciproquement due par chacun des co-permutants, car chacun d'eux, comme le dit Ulpien, peut être considéré comme vendeur à l'égard de la chose par lui livrée et comme acheteur de la chose reçue.

Paul nous indique, d'après Ariston, les principaux chefs de l'action rédhibitoire, relativement aux esclaves : « *Aristo* » *ait, quoniam permutatio vicina esset emptioni, sanum* » *quoque, furtis, noxisque solutum, et non esse fugitivum,* » *servum prœstandum qui ex causa daretur* (1). »

L'édit des édiles ne traitait originairement que des esclaves et des bestiaux et ne s'attachait qu'aux défauts et vices corporels qui présentaient une certaine gravité : « *Et vide-* » *mur hoc jure uti, ut vitii morbique appellatio non videa-* » *tur pertinere nisi ad corpora* (2). » Mais on ne tarda pas

(1) L. 2. — D. XIX, 4.
(2) L. 1, § 3. — D. XXI, 1.

à étendre les dispositions de cet édit. Dès lors, les actions édilitiennes s'appliquèrent à toute espèce de choses, pourvu que les conditions suivantes fussent réunies :

1° Les vices doivent rendre la chose impropre à l'usage auquel elle est destinée ou en diminuer sensiblement la valeur (1);

2° Les défauts doivent exister antérieurement à la formation du contrat d'échange, et exister encore au moment où le co-permutant veut s'en prévaloir;

3° Le co-échangiste doit avoir ignoré ces vices; l'édit ne le protégera pas, s'il les a connus ou s'il ne les a ignorés que par suite d'une négligence évidente de sa part.

Si l'acheteur peut, dans les cas d'application de l'édit, au lieu de demander la résolution de la vente, obtenir une diminution du prix, il est bien évident que ce résultat ne peut être atteint en matière d'échange. Le co-échangiste qui ne veut pas faire résoudre le contrat réclamera une indemnité représentative du dommage que lui cause la dépréciation de l'objet reçu. C'est au moyen de l'action *prœscriptis verbis* qu'il obtiendra la réparation de ce dommage. S'il opte pour la résolution du contrat, il devra intenter l'*actio redhibitoria* dans les six mois, à partir du jour du contrat. Il obtiendra la restitution de la chose par lui livrée, plus le remboursement des frais et dépenses occasionnés par la chose vicieuse et du dommage qu'elle a pu lui causer. Comme le vendeur, l'échangiste peut exiger une promesse expresse de garantie des défauts de la chose échangée. Si son co-contractant se refuse à faire cette promesse, il peut agir, dans les deux mois *ad redhibitionem contractus* (2).

Les jurisconsultes romains ne considéraient pas l'existence d'une servitude prédiale grévant le fonds échangé (ou vendu), comme constituant un cas d'éviction d'une partie qualitative de la propriété, comme au cas d'usufruit. Mais

(1) L. 1, §§ 6, 8 et 9. — D. XXI, 1.

(2) L. 28 et 31, § 20. — D. XXI, 1.

ces charges étaient considérées comme des *vitia fundi*. C'est ainsi que les qualifie Cicéron (1). Elles doivent être assimilées aux vices rédhibitoires.

Cependant, cette manière de voir n'est pas générale, et les commentateurs modernes discutent sur le point de savoir si les co-échangistes sont tenus du chef des servitudes non apparentes. Quelques-uns pensent que le co-permutant n'est obligé à cet égard que s'il s'y est expressément engagé, et se refusent à classer les servitudes occultes parmi les vices rédhibitoires des fonds. D'autres, au contraire, enseignent que le co-échangiste est tenu de plein droit des servitudes cachées et qu'il ne doit garantie des servitudes apparentes que lorsqu'il a expressément affirmé la liberté du fonds en l'aliénant « *ita ut optimus maximusque.* »

Cette dernière opinion nous paraît préférable en présence de la L. 61. *de edilitio edicto.* D. XXI. 1, et de la L. 15. § 2 *de evictionibus.* D. XXI. 2, ainsi conçue : « *Sed et* » *si servus evincatur, quanti minoris ob id prœdium est lis* » *œstimanda est;* » et dans laquelle il faut évidemment lire, avec Albericus et Cujas : *servitus* au lieu de *servus.* Quant à la L. 59. de *contrahenda emptione* que l'on oppose, elle ne fournit pas une solution contraire si l'on donne aux mots *qualis esset* leur véritable signification : le fonds a été aliéné *tel qu'il est et se montre,* ce qui exclut la garantie des servitudes apparentes. Le co-échangiste sera encore tenu s'il a frauduleusement dissimulé certains défauts.

La garantie, d'après les règles ci-dessus exposées, est de la nature de l'échange comme de la vente. Les parties peuvent y déroger par une convention particulière, et dans le pacte d'échange précédant ou accompagnant la *datio* le co-échangiste peut convenir qu'il ne sera point tenu de certains défauts ou de la garantie générale. (2)

A ces diverses obligations, quelques auteurs veulent

---

(1) De Oratore, Lib. I, § 30. — De Officiis, Lib. III, § 16.
(2) L. 31. D. II. 14.

joindre celle de restituer la chose reçue, lorsque le co-permutant n'exécute pas le pacte d'échange. Bien que Paul, dans la loi 1, § 1, admette que le co-échangiste peut exercer, à son choix, l'action *præscriptis verbis* ou la *condictio ob rem dati*, nous ne saurions partager cette opinion. Nous avons déjà eu l'occasion de dire que l'exercice de la *condictio ob rem dati* était contradictoire avec l'idée de contrat et que les jurisconsultes qui admettaient la validité du *do ut des* se contentaient, comme Mauricien, de l'action *præscriptis verbis*. Quant à Paul, sa décision ne nous cause aucun étonnement, vu son caractère. Cet éminent jurisconsulte appartient à l'école éclectique : Nous le voyons, dans la L. 5 elle-même s'approprier à la fois l'opinion des Sabiniens et celle des Proculiens. Il n'y a donc pas lieu d'être surpris de lui voir conserver au co-échangiste la faculté de *condicere quod datum fuit*. Mais nous ne pouvons considérer sa réponse comme contenant le mot définitif de la théorie de l'échange.

CHAPITRE III.
SANCTION DES OBLIGATIONS DES CO-PERMUTANTS.

Les jurisconsultes romains se plaçaient toujours au point de vue du droit sanctionnateur, lorsqu'ils examinaient les diverses obligations que peut faire naître un contrat. Nous n'avons pas suivi leur méthode; mais nous compléterons notre étude par celle des actions que l'échange pouvait engendrer et nous déterminerons l'étendue et le caractère de chacune d'elles. Nous avons eu bien des fois l'occasion de faire remarquer que la théorie définitive de l'échange n'était pas le résultat d'un travail continu, et que dans les phases successives de l'évolution qui l'a conduite à sa perfection, bien des idées opposées avaient été émises par les divers jurisconsultes. Cette remarque explique la co-existence dans les textes du Digeste de plusieurs actions à l'occasion d'une seule et même convention.

Les compilateurs des Pandectes ont eu le tort de reproduire les anciennes solutions. L'insertion de celles-ci au Digeste et au Code constitue un véritable anachronisme et a fait naître bien des difficultés pour établir une concordance nécessaire entre ces diverses dispositions, alors que le droit de Justinien devait être appliqué. Nous, au contraire, qui ne sommes pas soumis à la même obligation, nous trouvons dans la maladresse des collègues de Tribonien le moyen de rétablir, sinon d'une manière indiscutable, du moins avec une certaine probabilité, la marche et le développement de ces idées.

Avec M. Accarias, nous pensons que dans l'histoire de la formation du contrat d'échange, on peut distinguer trois phases successives qui ne sont pas des périodes chronologiques et qui, au contraire, dans l'ordre des temps s'enchevêtrent l'une dans l'autre.

Dans la première phase, les jurisconsultes n'admettent

que les contrats de l'ancien droit civil. Néanmoins, il paraît injuste que celui qui a donné dans un certain but soit dépourvu de toute protection légale. On autorise l'auteur de la dation à redemander sa chose, tant que l'autre partie n'a pas exécuté elle-même le pacte d'échange. Pour atteindre ce résultat, on accorde l'action personnelle *condictio ob rem dati* ou *condictio causâ data, causâ non secuta.* Cette action repose sur le principe que nul ne doit s'enrichir aux dépens d'autrui ; mais elle est contradictoire avec l'idée de contrat. C'est ce qui ressort avec évidence de la solution donnée par Paul, dans la L. 1, §§ 3 et 4, *de rer. permut.* Le contrat n'est pas formé faute de dation, et le jurisconsulte autorise le *tradens* à répéter, au moyen de la *condictio*, la chose d'autrui par lui livrée. (1)

Le principe sur lequel s'appuie la *condictio ob rem dati* engendre les conséquences suivantes :

1° L'auteur de la dation a le droit de reprendre sa chose, lors même que l'autre partie n'a aucune négligence à se reprocher. Cependant les textes présentent la *condictio ob rem dati* comme non recevable tant que *l'accipiens* n'a rien à se reprocher ; mais ils datent de l'époque classique, alors que le contrat *do ut des* est admis par presque tous les jurisconsultes. (2)

2° Si la chose donnée périt complétement, sans le fait du co-permutant qui l'a reçue, l'action s'évanouit et, dans l'hypothèse d'une perte simplement partielle, même imputable à la négligence de *l'accipiens*, on ne peut demander la chose que dans l'état où elle se trouve au moment de la *litis contestatio* : application de la règle posée par Paul dans la L. 91 *de verb. oblig.*, XLV. 1. que la personne tenue d'une *condictio* répond de ses faits actifs et non de sa négligence.

3° Bien plus, si l'immeuble livré a été grevé de servitudes, le *tradens* ne peut l'obtenir qu'avec les charges qu'on vient de créer.

(1) L. 65. § 4. D. XII. 6. — L. 35, § 3. D. XXXIX. 6.
(2) L. 3. § 2 et 3, — L. 5. § 4. D. XII, 4.

4º Enfin, si la chose qui doit être livrée en échange vient à périr, même par cas fortuit, l'auteur de la dation, qui n'atteint pas le but auquel il tendait, peut encore intenter la *condictio ob rem dati* (1).

Parmi ces diverses conséquences, si deux sont favorables à l'auteur de la dation, toutes sont regrettables ; car on ne tient nul compte de l'intention qui avait présidé à la transmission de propriété. Il était donc nécessaire de chercher une solution plus équitable.

Les jurisconsultes eurent recours à l'action de dol. Ils considérèrent la partie qui n'exécutait pas la convention ou comme ayant commis un dol dans le principe, ou comme en commettant un actuellement, par cela même qu'elle n'accomplissait pas sa promesse et ne restituait pas la chose livrée.

Ainsi, si *l'accipiens* a négligé d'exécuter la convention, lorsque cette exécution était possible, ou bien, s'il a aliéné la chose dont il est devenu propriétaire, ou bien encore, si, depuis qu'il est en retard d'exécuter, cette chose a péri entre ses mains, il sera tenu de l'action de dol (2). Celle-ci sera remplacée par une simple action *in factum* toutes les fois que les relations existant entre les parties s'opposent à l'exercice d'une action infamante (3).

Aux yeux des jurisconsultes qui accordent cette action de dol, dans les cas où la *condictio* est devenue impossible, ou ne procure pas au *tradens* la réparation du dommage causé par la non-exécution, le contrat d'échange n'existe évidemment pas. En effet, l'exercice de l'action de dol est toujours arrêté par l'existence d'une action contractuelle. (4)

Cette action était donc encore insuffisante, puisque, à l'exemple de la *condictio ob rem dati*, elle ne sanctionnait pas la convention : « Annale et intransmissible contre les héritiers (4), elle était trop douce ; emportant note d'infa-

(1) L. 16. D. XII. 4. — (2) L. 4. Cod II. 21.
(3) L. 2. § 1. Cod. II. 21.
(4) L. 7. § 3. Cod. II. 21.
(5) L. 17. § 1. — L. 26. Cod. II. 21.

mie contre le défendeur, elle était trop sévère. » (1) En outre, il était impossible de l'accorder au *tradens* lorsque l'i-
nexécution n'était que le résultat d'une simple négligence
qu'on ne pouvait assimiler au dol. Pour ces divers motifs,
l'exercice de cette action ne donnait donc que des résultats incomplets.

Ni la *condictio ob rem dati*, ni l'action prétorienne *de dolo*
n'atteignaient le but que s'étaient proposé les parties; on
dut recourir à la création d'une nouvelle action, ce fut l'action *prœscriptis verbis*.

Mais si, d'après ce que nous dit Pomponius du caractère
et du savoir de Labéon, il est permis de croire qu'il fut
l'auteur de cette nouvelle action, dont la création serait ainsi
due à l'école proculienne, il serait inexact de croire que tous
les Proculiens aient adopté l'action *prœscriptis verbis*. Si
nous voyons Celse s'écarter complètement de la doctrine de
son école, à l'inverse, le Sabinien Pomponius admet l'action
prœscriptis verbis, bien que Sabinus et Cassius confondis-
sent l'échange avec le contrat de vente. Au temps de Paul,
la doctrine proculienne a triomphé, le contrat d'échange ne
se forme que par une dation et il est sanctionné par l'action
prœscriptis verbis. Elle devrait désormais être donnée exclu-
sivement à toute autre; mais les anciennes idées avaient
encore tant d'empire, que Paul lui-même n'hésite pas à
accorder la *condictio ob rem dati* (2), et que dans une constitution de Dioclétien (3), il est fait mention de l'action *de
dolo*, bien que le même empereur, dans un autre texte,
repousse la *condictio ob rem dati* (4).

Nous avons donc, en laissant de côté l'action *de dolo*
qui n'appartient pas à notre matière, à déterminer le caractère et l'étendue des diverses actions accordées par les
jurisconsultes romains au co-échangiste qui a accompli la
dation promise. Nous nous occuperons d'abord de la *condictio ob rem dati*, puis de l'action *prœscriptis verbis*, et

(1) Accarias, oper. cit. p. 47. — (2) L. 5. § 1. D. XIX, 5.
(3) L. 4. Cod. II, 21. — (4) L. 10. Cod. IV, 6.

nous examinerons enfin si, comme le prétendent quelques commentateurs modernes, la *condictio ex pænitentia* peut être accordée à l'occasion d'un échange.

§ I. — De la *condictio ob rem dati*.

La *condictio ob rem dati, re non secuta*, aussi appelée *condictio causâ datâ, causâ non secutâ*, ou *ob causam datorum*, suppose qu'une chose a été donnée en vue d'une prestation qui se trouve en rapport avec la dation. La prestation qui a été le but ou le motif de la transmission de droit réel doit être licite. Cette action naît par la non réalisation de cette prestation, de la cause en vue de laquelle la chose avait été donnée. Elle rentre dans la catégorie des *condictiones sine causâ*, dont l'*indebiti condictio* est le cas le plus remarquable. Comme cette dernière, l'*ob rem dati condictio* repose sur le principe que nul ne doit s'enrichir au détriment d'autrui; mais, tandis que la *condictio indebiti* est accordée à celui qui a payé par erreur et suppose une ignorance fâcheuse de l'état de ses affaires, la *datio ob rem* constitue un acte de confiance qui exigerait même une protection plus étendue que celle qui est accordée à l'erreur du *solvens*.

La *condictio indebiti*, lorsque le défendeur est de bonne foi, c'est-à-dire lorsque le prétendu créancier a partagé l'erreur du *tradens*, enlève seulement à celui qui a reçu le prétendu paiement la valeur dont il s'est enrichi (1). Au contraire, le demandeur obtient une condamnation égale à la chose donnée par la *condictio ob rem dati*. La bonne foi du défendeur ne peut même pas exister, parce qu'ici il connaît le but dans lequel a été faite la dation. Si, cependant, le *tradens* avait donné la chose sous l'empire d'une erreur, et que celle-ci ait été partagée par l'*accipiens*, la bonne foi de ce dernier ne fera pas réduire la condamnation au montant de son enrichissement (2).

(1) L. 65. § 8. D. XII, 6.
(2) L. 3. § 5. D. XII, 6.

La *condictio indebiti* aura donc une *intentio incerta*. En effet, le demandeur, en obtenant du prêteur une formule *certa*, courrait le risque de la *plus petitio*, car il n'a pas la certitude que le défendeur ait été de mauvaise foi ou que, s'il est de bonne foi, il se soit enrichi de tout ce qu'il a reçu. Au contraire, toutes les fois que la nature, la quantité et la qualité de la chose donnée apparaîtra d'une manière évidente : « *Cùm apparet quid, quantumque sit* (1), » le demandeur pourra dans la *condictio ob rem dati* prendre sans aucun danger une formule *certa*, puisque la bonne foi et l'enrichissement du défendeur sont choses indifférentes.

La *condictio ob rem dati* tend à obtenir la restitution de ce qui a été donné et, faute de restitution, des dommages-intérêts (2). Le défendeur devra rendre la chose avec les fruits perçus depuis qu'il a été mis en demeure (3); mais le défendeur peut déduire les impenses qu'il a faites, sous le bénéfice de la distinction admise par les Romains entre les impenses nécessaires, utiles et voluptuaires.

En principe général, la *condictio causa data, causa non secuta* est accordée par cela seul que la cause en vue de laquelle la prestation a été faite ne s'est pas accomplie. Mais la nature synallagmatique du contrat d'échange, comme des autres contrats innommés, a fait introduire une nuance favorable au débiteur : Il peut se soustraire à l'action en répétition s'il prouve que l'inexécution qui la motive ne peut lui être imputée en aucune façon (4). Mais il ne suffit pas que, comme dans les contrats ordinaires, la prestation soit devenue impossible par suite d'un cas fortuit; on exige, en outre, qu'il n'ait pas dépendu du débiteur de l'opérer auparavant ou qu'il ait manifesté l'intention sérieuse de satisfaire à son obligation (5).

Si un terme a été fixé, la perte fortuite survenue avant l'échéance du terme aura pour effet de mettre le débiteur à

(1) L. 74 et 75. D. XLV. 1.
(2) L. 7, § 1 et L. 12. — D. XII, 4.
(3) L. 38, §§ 1, 2 et 3. — D. XXII, 1. — L. 65, § 5. — D. XII, 6.
(4) L. 10. — Cod. IV, 6. — (5) L. 5, §§ 2, 3 et 4. — D. XII, 4.

l'abri de toute responsabilité et de rendre impossible la *condictio ob rem dati.*

Bien que quelques auteurs l'aient contesté, la *condictio ob rem dati* ne peut être intentée que contre le co-permutant ou ses ayant-cause universels ; on ne pouvait atteindre les tiers qui avaient traité à titre particulier avec ce co-permutant : « *Cum precibus tuis expresseris, placitum inter te,* » *et alium permutationis intercessisse, cumque fundum a te* » *datum vendidisse, contra emptorem quidem te nullam ha-* » *bere actionem perspicis, cum ab eo susceperit dominium,* » *cui te tradidisse titulo permutationis non negas.* (1) »

Sous le bénéfice des règles générales que nous venons d'indiquer, voyons actuellement dans quelles hypothèses les jurisconsultes romains admettaient la *condictio ob rem dati,* à propos de l'échange.

L'un des co-permutants a livré la chose d'autrui ; le contrat d'échange ne se forme pas et le *tradens* peut répéter ce qu'il a livré par l'action qui nous occupe (2). Si l'*accipiens* est devenu propriétaire de la chose livrée, le contrat d'échange étant alors formé, il est obligé civilement de transférer à son co-contractant la propriété de la chose promise en échange. L'auteur de la dation pourra l'y contraindre par l'action *præscriptis verbis* ou, s'il le préfère, reprendre la chose livrée par la *condictio ob rem dati.* Telle est la solution que nous donne Paul dans la L. 5, § 1, et nous avons déjà expliqué comment cette action contradictoire avec l'idée de contrat n'était que le résultat de la tradition. La décision de Paul est, du reste, confirmée par les empereurs Dioclétien et Maximien (3).

Mais la *condictio* ne peut être intentée que lorsque le co-permutant est en demeure d'exécuter ses engagements ou qu'il se refuse à les accomplir, ou bien encore quand la chose qu'il doit livrer a péri ou est détériorée par sa faute ou par son dol. Alors seulement il est vrai de dire que le résul-

(1) L. 4. — Cod. IV, 64.
(2) L. 1, §§ 3 et 4. — D. XIX, 4. — (3) L. 5 et 7. — Cod. IV, 64.

tat en vue duquel la première transmission a été opérée n'a point été atteint. Dans tous les autres cas la *condictio,* suivant l'opinion généralement reçue, ne pouvait être intentée.

Le jurisconsulte Celse se séparait de l'opinion commune et accordait la *condictio ob rem dati* quand même l'exécution de l'obligation du co-échangiste était devenue impossible, sans le fait ou la faute de celui-ci.

Si, les deux traditions réciproques étant effectuées, l'un des co-permutants se trouve plus tard évincé ou simplement menacé d'éviction, il aura encore le choix entre l'action *præscriptis verbis* et la *condictio ob rem dati :* par la première, il se fera indemniser du trouble ou de l'éviction qu'il a souffert; par la deuxième, il pourra répéter ce qu'il a livré (1).

Bien plus, la *condictio* est accordée alors même que l'éviction n'est pas imminente, si le co-échangiste qui opère la seconde dation se refuse à donner caution pour le cas d'éviction : « *Et rursus si tuus est Stichus, et pro evictione ejus* » *promittere non vis, non liberaberis, quominus a te pecu-* » *niam, repetere possim* (2). » Cette décision est également admissible pour ceux qui reconnaissent ou qui nient l'existence d'un contrat, comme nous l'avons déjà remarqué.

§ II. — *De l'action* præscriptis verbis.

L'action *præscriptis verbis* est une action *contractuelle, directa, bonæ fidei, arbitraria, civilis, in jus concepta, rei persequendæ gratia, in simplum* et *perpétuelle.*

Mais, tout d'abord, d'où lui vient cette dénomination, *actio præscriptis verbis ?* Une constitution d'Alexandre Sévère « *Utilis actio quæ præscriptis verbis rem gestam demonstrat,* » (3) combinée avec les renseignements fournis par les Commentaires de Gaius, nous donne la meilleure explication de cette appellation.

(1) L. 5 et 7. — Cod. IV, 64.
(2) L. 1. — Cod. IV, 64.
(3) L. 6. in fin. Cod. II. 4.

La *demonstratio*, première partie de la formule, désigne par son nom juridique le fait qui sert de base à l'action. Il suffit d'indiquer le nom du contrat nommé pour que le juge sache immédiatement qu'elle est la cause originaire du litige soumis à son appréciation : « *Quod Aulus Agerius vendidit, vel deposuit, vel locavit...etc.* » (1) Mais l'échange, contrat générateur de l'action *præscriptis verbis*, n'a pas de dénomination juridique. Impossible de le nommer pour renseigner le juge ; il faut donc décrire l'opération intervenue, indiquer et la dation par laquelle il s'est formé et celle qui devait être effectuée. La *demonstratio* doit donc contenir l'exposé des faits, et comme elle figure en tête de la formule, elle joue un rôle analogue aux *prescriptiones a parte actoris* dont nous parle Gaius (2). De là le nom d'action *præscriptis verbis* (3).

Ceci nous explique aussi pourquoi cette action est qualifiée *in factum*. C'est à sa *demonstratio* que l'on fait allusion ; c'est elle qui est conçue *in factum*, tandis que *l'intentio* de la formule est certainement *concepta in jus* (4) ; aussi ne doit-on pas confondre notre action avec les véritables actions *in factum*, comme paraissent l'avoir fait les auteurs de la compilation Justinienne qui ont placé au Digeste, dans le titre de *præscriptis verbis*, bien des textes étrangers à la matière et se référant à des actions *in factum* proprement dites. Celles-ci étaient dépourvues de *demonstratio* et cette qualification faisait allusion à la rédaction de leur *intentio*. (5)

L'action *præscriptis verbis* est fréquemment dénommée *actio incerti*. Cette qualification indique non pas que *l'intentio* est *incerta*, mais simplement qu'elle sanctionne les contrats innommés appelés par les jurisconsultes *contractus incerti*, pour indiquer l'absence d'un nom spécial.

(1) Gaius. Comm. IV. § 40.
(2) Gaius. Comm. IV. § 130.
(3) L. 6. Cod. II. 4.
(4) L. 6. D. XIX, 5.
(5) Gaius. Comm. IV. § 46 et suiv.

A cette appellation on pourrait objecter que la qualification *incerta* fait allusion au caractère indéterminé de *l'intentio* dans les actions de bonne foi, parmi lesquelles doit être rangée l'action *præscriptis verbis*. Mais il nous paraît que si généralement *l'intentio* des actions de bonne foi est *incerta*, *quidquid paret ex bona fide*, il n'est nullement démontré qu'il en soit toujours ainsi. Aucun texte n'indique ce caractère comme essentiel à l'action *bonæ fidei*. Si la prudence conseille au demandeur de faire rédiger *l'intentio* en termes vagues, afin d'éviter la *plus petitio*, en présence des demandes reconventionnelles du défendeur, rien ne l'y oblige, lorsqu'il n'a pas le moindre doute sur le montant de sa créance. Et Papinien, dans un texte étranger à l'échange, mais afférent à l'action *præscriptis verbis*, nous offre un cas où le montant de la demande est nettement déterminé par l'estimation antérieurement opérée et dans lequel cependant il qualifie notre action *d'incerta* : « *Sed quæsitum est,* » *quâ actione pecunia, si eam dominus elegisset, peti pos-* » *set ? Dixi, tametsi quod inter eos ageretur verbis quoque* » *stipulationis conclusum non fuisset, si tamen lex contrac-* » *tus non lateret, præscriptis verbis incerti et hic agi* » *posse.* » (1)

Du reste, la question présente une mince importance. Etant de bonne foi, l'action *præscriptis verbis* aura presque toujours une *intentio* indéterminée et la qualification *d'incerta* peut lui être donnée, dans ce sens, sans aucun inconvénient.

L'action *præscriptis verbis* est appelée par quelques textes *civilis actio* (2). Ces mots rappellent la source d'où elle découle. Elle appartient à cette portion du droit que, sous l'influence des jurisconsultes, la coutume avait peu à peu consacré. Elle compte même parmi leurs plus importantes créations.

Cette action est une action *contractuelle*. Quelques très

(1) L. 8. D. XIX. 5.
(2) L. 1. §§ 1 et 2. L. 5. § 2. XIX. 5. D.

anciens auteurs lui ont refusé ce caractère, mais leur opinion ne peut se soutenir en présence des termes catégoriques qu'emploie le jurisconsulte Ulpien, interrogé par Celse, reproduisant l'opinion d'Ariston et de Mauricien : « *Esse enim contractum undè hæc nascitur actio.* » (1)

Elle est *directa* et non *utilis*, comme le voudrait Cujas. Ce grand jurisconsulte trouvant dans la compilation justinienne des textes qui, dans des cas semblables, donnaient les uns une *actio in factum*, les autres l'action *præscriptis verbis*, a cru qu'il n'y avait qu'une diversité de langage là où il s'agissait en réalité d'actions différentes. Et comme les actions *in factum* n'étaient, au fond, que des actions anciennes étendues, *utilitatis causâ*, Cujas a attribué le même caractère à l'action *præscriptis verbis*; pour lui, elle n'est autre chose que l'action d'un contrat nommé étendue, par utilité, à un cas analogue. Il a été entraîné à adopter cette opinion par l'analogie plus ou moins marquée que les divers contrats innommés présentent tous avec quelques contrats du droit civil. Mais cette opinion, comme l'a justement remarqué M. Accarias (2), conduit à une conséquence entièrement inacceptable : « Paul nous enseigne que les règles et l'étendue
» d'une action utile sont exactement semblables à celles de
» l'action directe sur laquelle elle est calquée. Il s'ensuit que
» l'action *præscriptis verbis* ne sera pas toujours identique
» à elle-même, d'après l'opinion de Cujas; elle changera de
» caractère, de nature, d'étendue suivant les hypothèses
» auxquelles elle s'appliquera, les diverses actions résultant
» des contrats nommés ne se ressemblant pas entre elles. »
Ce résultat, véritablement inadmissible, suffirait à lui seul pour faire repousser l'opinion de Cujas; elle est, en outre, réfutée par tous les textes.

Ulpien appelle l'action *præscriptis verbis, propria actio*, dans la L. 27, *de pignorat. act.* D. XIII, 7 et dans la L. 19 *præscrip. verb.* D. XIX, 5, il emploie les mots *proprius con-*

(1) L. 7. § 2. D. II. 14.
(2) Oper. cit., p. 60.

tractus a l'occasion de l'action *præscriptis verbis* elle-même ; or, il est impossible qu'une action spéciale ne soit qu'une action *utilis*.

Cujas invoque à l'appui de son opinion un rescrit de Dioclétien, dans lequel il s'agit d'une donation soumise à certaines charges envers un tiers. Le tiers a omis de stipuler l'exécution des charges ; il n'a donc aucune action, d'après les principes du droit ; mais, ajoute l'empereur, on a fini par admettre une action *utilis* à son profit : « *Sed cum pos-* » *tea benigna juris interpretatione divi principes ei, qui sti-* » *pulatus non sit, utilem actionem juxta donatoris volunta-* » *tem competere admiserint.* » (1) Cette action ne peut évidemment être qu'une action *ex stipulatu* utile ; rien ne prouve que Dioclétien eût eu en vue l'action *præscriptis verbis.*

L'autre texte invoqué par le jurisconsulte toulousain n'est pas plus probant. L'action *præscriptis verbis* est véritablement *utilis* dans l'hypothèse prévue par la L. 6. Cod. *de transactionibus.* II. 4. Tout ce qu'il faut conclure de ce fragment, c'est que, comme les actions ordinaires, celle qui nous occupe peut être étendue par une raison d'utilité pratique en dehors des hypothèses pour lesquelles elle a été établie. Si l'action *præscriptis verbis* est qualifiée *utilis* par le rescrit d'Alexandre, c'est qu'elle n'est pas née immédiatement du désistement de la femme qui avait intenté la *quærela inofficiosi testamenti.* La circonstance accidentelle de sa mort a été nécessaire pour que son désistement produit sous la forme d'un pacte *de non petendo,* operât tout son effet. La *quærela inofficiosi testamenti* n'a été éteinte *ipso jure* que par le décès de la femme qui avait transigé. C'est alors seulement que l'action *præscriptis verbis* peut être accordée, et comme elle l'est en dehors des cas où elle naît directement, l'empereur Alexandre ne pouvait pas ne pas la dénommer *utilis.*

L'action *præscriptis verbis* est *bonæ fidei.* C'est, cepen-

(1) L. 3. Cod. VIII. 55.

dant, une question célèbre et fort débattue que de savoir si elle est de bonne foi dans toutes ses applications ou si, au contraire, il faut, dans certaines hypothèses, lui reconnaître le caractère d'action *stricti juris*. Cette controverse n'a aucun intérêt, lorsque notre action est engendrée par un contrat d'échange, car, dans cette hypothèse, le texte de Justinien qui a soulevé la difficulté lui reconnaît formellement le caractère d'action de bonne foi : « *Bonæ* » *fidei sunt hæ : ex empto, vendito, locato conducto, nego-* » *tiorum gestorum, mandati, depositi, pro socio, tutela, com-* » *modati, pigneratitia, familiæ erciscundæ, communi divi-* » *dundo, præscriptis verbis quæ de æstimato proponitur, et* » *ea quæ ex permutatione competit, et hereditatis petitio.* » (1) Mais, même dans les autres cas, l'action *præscriptis verbis* qui tend à assurer le plein effet d'une convention et qui s'est produite sous l'inspiration d'un sentiment d'équité, ne peut être qu'une action de bonne foi. Il est inconcevable que le droit sanctionnateur, appelé par Ulpien *actio propria* puisse être, tantôt de bonne foi, tantôt de droit strict. En outre, les contrats innommés sont synallagmatiques; par suite, en vertu de ce principe que les actions de bonne foi ont leur source dans un contrat ou un quasi-contrat synallagmati-que, l'action *præscriptis verbis* est toujours de bonne foi.

Nous n'examinerons pas, car ils n'ont pas trait au contrat d'échange, les divers textes qui attribuent incontestable-ment à notre action le caractère d'action de bonne foi. Si Justinien ne parle que de l'action *præscriptis verbis* appliquée à l'échange ou au contrat estimatoire, c'est probablement parce que ces conventions étaient d'une application plus fréquente que toutes les autres. Nous reconnaîtrons même, si on le veut, que Justinien a commis une erreur. Elle est d'autant plus probable que le même texte nous en offre une autre plus grave à l'occasion de la pétition d'hérédité.

C'est encore une question litigieuse que celle de savoir si une action peut être concurremment de bonne foi et arbi-

(1) Inst. § 28. IV, 6.

traire. De très bons esprits enseignent que ces deux caractères sont incompatibles. Les actions arbitraires formeraient une classe à part également distincte des actions de bonne foi et des actions de droit strict. D'autres commentateurs, au contraire, pensent que toutes les fois que, dans une action *bonæ fidei*, une restitution doit être effectuée, il y a lieu de la part du juge qui a reconnu la demandefondée de donner au défendeur, avant de procéder à la condamnation, un ordre, un *jussus* dont l'accomplissement amènera son absolution.

Cette dernière opinion, professée par MM. de Savigny, Demangeat et Léveillé, nous paraît devoir être adoptée en présence de la décision de Papinien qui forme la L. 9, à notre titre (1). Le préfet du prétoire considère l'action *præscriptis verbis* comme arbitraire, quand il dit : « *Judicis* » *officio obligatio promissa præstabitur, aut condemnatio* » *sequetur.* » Ce langage indique évidemment que le juge ne doit condamner que si la satisfaction par lui déterminée comme devant être fournie par le débiteur, ne l'a pas été.

Le caractère arbitraire de l'action *præscriptis verbis* ressort encore d'un rescrit des empereurs Dioclétien et Maximien : « *Si vero nulla stipulatio intercessit, præscriptis* » *verbis actio est ut vel fides placiti tibi servetur, vel quod* » *alterius accipiendi fundi gratia dedisti causa non secuta* » *restituatur.* » (2) Il s'agit d'un échange ; la partie qui a formé le contrat ne reçoit pas la dation réciproque promise, et le débiteur a aliéné la chose reçue. Ces empereurs définissent le but de l'action *præscriptis verbis.* D'après eux, elle tend ou à procurer l'exécution de la convention ou à faire restituer au créancier la chose qu'il avait donnée pour en recevoir une autre. Nous avons vu que ce dernier résultat s'obtient par la *condictio ob rem dati.* Les empereurs

---

(1) L. 1. § 21, et L. 22. D. XVI. 3. L. 7. § 1. D. XXIII, 5. — L. 25. § 1. D. XXIV, 3. Savigny. Traité du droit Romain 16. V. § 221 — Demangeat, de fundo dotali, p. 258. — Léveillé, de la résolution. p. 46.

(2) L. 4. — Cod. IV. 64.

l'attribuent à l'action *præscriptis verbis*; peut-être ont-ils confondu les deux actions? Peut-être le texte a-t-il subi quelques altérations? Mais peut-être aussi n'ont-ils dit que ce qu'ils ont bien voulu dire, si l'action *præscriptis verbis* est arbitraire et donne au juge les pouvoirs les plus larges dans la fixation de la satisfaction à accorder au demandeur.

Avec cette interprétation, l'équité, cause originaire de l'action *præscriptis verbis*, reçoit une satisfaction plus complète. En effet, si l'action *præscriptis verbis* intentée, la chose livrée acquiert pendant l'instance une plus-value importante, ou si la chose qui doit être fournie subit une détérioration considérable, le demandeur a plus d'avantage à recouvrer la chose par lui livrée. Si ces évènements fortuits s'étaient produits avant l'introduction de l'instance, il aurait choisi la *condictio*. Lui faire restituer ce qu'il aurait obtenu par cette action ou lui en faire payer la valeur est plus conforme aux règles de l'équité. Nous croyons donc qu'on était arrivé, au moins dans le cas où le contrat innommé se forme par une dation, à reconnaître à l'action *præscriptis verbis* le caractère d'action arbitraire (1).

L'objet direct de l'action *præscriptis verbis* est-il dans la dation de la chose promise ou dans le paiement d'une somme d'argent représentative de l'intérêt que le demandeur avait à obtenir l'exécution d'une convention?

Bien que, sous le système formulaire, toutes les condamnations se ramènent à une somme d'argent, la question présente un véritable intérêt. Si l'obligation du co-échangiste qui n'a pas exécuté consiste dans le paiement d'une somme d'argent, il évitera la condamnation par l'offre d'une somme égale à l'intérêt qu'avait le demandeur à l'exécution du pacte d'échange. La perte fortuite de la chose ne le libérera pas. Si son obligation a pour objet direct la dation convenue, un résultat tout contraire se produit. Sous Justinien, l'intérêt est encore plus sensible. Si c'est la chose elle-même qui est due, le juge condamnera le défendeur à exécuter la

____

(1) L. 5 et 7 Cod. IV, 64.

dation toutes les fois qu'elle sera réalisable.

A nos yeux, il est certain que le co-échangiste devait la chose elle-même. Quoique Paul nous dise que le défendeur sera condamné, « *quanti interest illud de quo convenit accipere,* » cette solution nous paraît la seule admissible. Comment expliquer autrement que les risques de la chose due incombent au créancier? Comment la perte fortuite pourrait-elle libérer le débiteur? Les textes qui parlent du *quod interest* ont pour but de déterminer l'étendue de la condamnation plutôt que l'objet même de l'obligation du co-échangiste. La L. 8. Cod. *de rer. permut.* nous dit formellement que l'action *præscriptis verbis* est donnée *ad implendum placitum.* Nous ne pouvons donc pas admettre avec quelques auteurs que l'action *præscriptis verbis* tendait au paiement d'une indemnité par le défendeur. Nous croyons, au contraire, qu'elle avait pour but l'accomplissement effectif des obligations réciproques. C'est seulement à défaut de cet accomplissement que le demandeur obtenait une condamnation à une somme d'argent.

Cette action était donnée au simple et persécutoire de la chose (par opposition aux actions pénales). Elle était perpétuelle, c'est-à-dire que, jusqu'à Théodose II, elle pouvait être indéfiniment intentée à la différence des actions temporaires. Depuis Théodose, bien que la qualification d'action perpétuelle soit restée à toutes celles qui portaient autrefois ce nom, elle s'éteignait par le laps de temps de trente ans (1).

§ II. — De la *condictio ex pœnitentia.*

A côté de la *condictio ob rem dati,* on trouve dans le droit sanctionnateur une autre *condictio* que l'auteur de la dation peut exercer quand il le veut, à la condition, bien entendu, d'indemniser la partie avec laquelle il a contracté. Cette action, dont la qualification même indique le caractère particulier, porte le nom de *condictio ob pœnitentiam.*

(1) L. 3. Cod., VII, 39.

Le *jus pœnitendi* a-t-il anciennement constitué le droit commun? La *condictio ob rem dati* et la *condictio ex pœnitentia* se confondaient-elles en une seule action? Il nous importe peu de le rechercher, car Celse lui-même, qui se refuse à reconnaître à l'échange le caractère de contrat n'autorise l'exercice de la *condictio ob rem dati* que lorsque l'exécution du co-échangiste est impossible ou incomplète. Il n'aurait donc pas admis la *condictio ex pœnitentia* par laquelle une des parties contractantes demeure maîtresse, suivant son caprice, de révoquer la dation qu'elle a faite. De nombreux interprètes généralisant maladroitement quelques textes spéciaux, ont considéré le *jus pœnitendi* comme formant le droit commun dans tous les contrats innommés formés par une dation (1). Nous croyons, au contraire, que c'est là une faculté spéciale, restreinte, accordée seulement dans les contrats innommés qui ont de l'analogie avec le mandat. Hormis un seul, tous ces textes se réfèrent à une hypothèse unique : celle où une dation a été faite en vue d'obtenir un affranchissement, soit de la part du propriétaire d'un esclave, soit de la part d'une personne qui achètera l'esclave afin de l'affranchir. Dans ce cas, le *jus pœnitendi* n'a rien de choquant. Une personne a été guidée par une idée de bienfaisance, et elle n'a retiré aucun avantage pécuniaire du sacrifice qu'elle a fait. Lui permettre de se rétracter, tant que les choses sont intactes, sous la condition de dédommager celui qui devait concourir à l'exécution de la libéralité, est une faculté toute naturelle. Le bénéficiaire, l'esclave ne peut se plaindre de la révocation, car ce droit ne lui a jamais été acquis. Le tiers qui prête son intermédiaire à l'exécution de la libéralité ne peut pas davantage se plaindre, puisque l'exécution de celle-ci ne lui aurait pas profité. « *Sed si tibi dedero, ut Stichum manumittas, si non* » *facis, possum condicere : aut si me pœniteat. Quid, si* » *ita dedi, ut intra certum tempus manumittas? si nondum*

(1) Unterholzner. Lehre von den Schulerdverh. § 23, Vaugerow, t. II. § 599. Savigny, oblig. § 9.

» *tempus præteriit, inhibenda erit repetitio, nisi pœni-*
» *teat.* »

« *Si servum quis tradiderit alicui ita, ut ab eo intra cer-*
» *tum tempus manumitteretur: si pœnituerit eum qui tra-*
» *diderit, et super hoc eum certioraverit, et fuerit manumis-*
» *sus post pœnitentiam, attamen actio propter pœnitentiam*
» *competit ei qui dedit.* »

« *Item si quis dederit Titio decem, ut servum emat et ma-*
» *numittat, deindè pœniteat, si quidem nondum emptus est,*
» *pœnitentia dabit condictionem, si hoc ei manifestum fe-*
» *cerit* (1). »

A ces décisions, comparons celles relatives au cas où
l'auteur de la dation a tiré du contrat un profit pécuniaire en
acquérant une créance ayant une valeur certaine et appré-
ciable en argent. L'héritier d'un *échangiste* désire reprendre
ce qui a été aliéné par son auteur. Si le *jus pœnitendi* est
inhérent à tout contrat innommé, rien de plus simple et de
plus naturel que d'autoriser cette répétition d'une manière
absolue. Or, voici ce que répondent les empereurs Dioclétien et Maximien : Le magistrat ordonnera d'abord l'exécution du contrat; le défendeur peut éviter la restitution en
remplissant son engagement. La résolution n'est pas encou-
rue par cela seul que l'action est intentée; c'est seulement
le défaut d'accomplissement de la convention qui permettra
d'obtenir la restitution de la chose livrée : « *Si causam sequi*
» *non perspexerit, si placitis non exhibeant fidem* (2). » Que
nous sommes éloignés de cette faculté de résoudre le contrat
à volonté !

Le dernier texte invoqué par Unterholzner traite d'un
contrat intéressé de part et d'autre et à propos duquel le *jus
pœnitendi* est accordé (3). Mais il n'est pas douteux que les
contrats innommés, dont les règles n'étaient point fixées
et déterminées, recevaient l'application des principes affé-

____

(1) L. 3, §§ 2 et 3. — L. 5, §§ 1 et 2. — D. XII, 4.

(2) L. 5 et 7. — Cod. IV, 64.

(3) L. 5. — D. XII, 4.

rents aux contrats nommés avec lesquels ils avaient le plus de ressemblances. Or, dans l'hypothèse prévue par Ulpien, l'analogie avec le mandat est frappante. Ulpien emprunte les règles de ce contrat. La révocation est permise au mandant pourvu qu'elle ne soit pas intempestive et dommageable pour le mandataire. Nous sommes donc portés à nous rallier à la doctrine défendue par Vachter, Mulhenbruch, Hasse, Molitor, Machelard, etc....

Généraliser l'exercice du *jus pœnitendi* aboutit à faire des contrats innommés une monstruosité juridique, car le *jus pœnitendi*, quant au contrat d'échange, est nettement proscrit par les textes cités qui subordonnent l'exercice de la *condictio* à une violation du contrat (1).

Ainsi donc, en résumé, les co-échangistes avaient, d'après l'opinion généralement admise, l'un contre l'autre, l'option entre deux actions ; l'action *præscriptis verbis* ou la *condictio ob rem dati;* la *condictio ob pœnitentiam* basée sur le caprice de l'une des parties est entièrement opposée à l'essence même du contrat d'échange. Mais la véritable et complète sanction des obligations des co-échangistes ne s'obtient qu'à l'aide de l'action inventée par l'esprit délicat dont le Sabinien Pomponius a pu dire : « *Ingenii qualitate, et fiducia* » *doctrinæ, plurima innovare instituit* (2). »

(1) L. 5 et 7. — Cod. IV, 64.
(2) L. 2, § 47. — D. I, 3.

CHAPITRE IV.

COMPARAISON DE LA VENTE ET DE L'ÉCHANGE.

Nous avons déjà remarqué que, dans bien des cas, on peut appliquer à l'échange les règles de la vente. *Permutatio vicina est emptioni* (1). Toutefois, il existe entre ces deux contrats d'importantes différences.

Dans la vente, le fait d'acheter et celui de vendre diffèrent l'un de l'autre ; les personnes du vendeur et de l'acheteur sont parfaitement distinctes et leurs obligations ne sont pas de même nature ; la *merx* n'est nullement confondue avec le *pretium*. Dans l'échange, il n'en est pas de même : chacune des parties est à la fois vendeur et acheteur ; chacune des choses est en même temps la *merx* et le *pretium* ; les obligations des contractants sont identiques et les choses échangées ne doivent jamais consister en argent monnayé.

Les pactes obscurs s'interprètent toujours contre le vendeur (2). Cette règle n'est naturellement pas applicable à la *rerum permutatio*.

La vente est un contrat *nommé* et qui se forme par le seul consentement des parties, tandis que l'échange est un contrat *innommé* qui ne commence et ne devient obligatoire que par le fait matériel de la tradition.

L'échangiste aliénateur est obligé de transférer la propriété de la chose donnée en échange ; quant au vendeur, il doit simplement céder tous les droits qu'il a sur la chose ; il n'est tenu qu'à livrer sa chose et à garantir l'acheteur en cas d'éviction (3).

Si cependant le vendeur s'oblige par une clause expresse

(1) L. 2. D. XIX. 4.
(2) L. 21. D. XVIII. 1.
(3) L. 35. § 4. D. XVIII. 1.

à transférer la propriété, le contrat auquel ce pacte est ajouté conserve son caractère de vente.

La vente engendre deux actions, l'action *venditi* ou *ex vendito* et l'action *empti* ou *ex empto*, tandis que l'échange n'en fait naître qu'une, l'action *præscriptis verbis*.

Le vendeur qui a livré sa chose en suivant la foi de l'acheteur ne peut pas plus tard, à moins de conventions contraires, répéter cette chose sous le prétexte que l'acheteur n'a pas payé le prix, puisque en livrant il n'a fait que remplir son obligation de vendeur.

Au cas d'échange, au contraire, la partie qui a donné sa chose ne se trouve pas atteindre le but qu'elle se proposait si l'autre partie n'exécute pas, et alors elle peut agir par la *condictio, re non secutâ* pour répéter ce qu'elle a transféré, ou bien, si elle le préfère, elle peut agir en dommages intérêts par l'action *præscriptis verbis* pour obtenir une somme égale aux avantages qui lui auraient été procurés par l'acquisition convenue (1).

Enfin, deux constitutions des empereurs Dioclétien et Maximien accordent au vendeur d'immeuble une action rescisoire lorsqu'il a souffert une lésion qui excède la moitié du juste prix.

Les motifs qui ont fait établir cette cause de rescision pour le contrat de vente ne se rencontrent pas en matière d'échange, et si, quant à l'application de l'édit des édiles, Ulpien nous a dit que les co-permutants peuvent être réciproquement considérés comme vendeurs et comme acheteurs, aucun d'eux ne saurait néanmoins être traité plutôt comme vendeur que comme acheteur (2).

Quant aux vices rédhibitoires, aux risques et à la théorie des fautes, la règle est dans l'échange la même que dans la vente (3).

(1) L. 5. §§ 1 et 2. D. XIX. 5.
(2) L. 2 et 8. Cod. IV. 44.
(3) L. 3. 14. § 1. D. XVIII. 6. — L. 5. § 1. de præscrip. verb.

DROIT FRANÇAIS

CHAPITRE Ier.

NATURE ET FORME DU CONTRAT D'ÉCHANGE.

L'échange est défini par notre Code : « Un contrat par lequel les parties se donnent respectivement une chose pour une autre. » (Art. 1702.)

Cette définition, admise par quelques auteurs et qui sera fort exacte la plupart du temps, ne nous semble, cependant, pas assez générale, car il peut arriver que l'échange ne soit pas immédiatement translatif de propriété, mais qu'il se trouve simplement productif d'obligations, lorsque, par exemple, ce contrat a pour objet une chose qui n'est pas déterminée dans son individualité ; aussi croyons-nous qu'on doit le définir : Un contrat par lequel les parties *se donnent ou s'obligent à se donner* respectivement une chose pour une autre (1).

Dans notre ancien droit et dans notre droit actuel on a abandonné, avec raison, les principes du droit romain sur les différentes espèces de conventions, sur la distinction des pactes et des contrats, parce qu'ils n'étaient pas fondés sur la raison et sur l'équité, parce que les patriciens ne les avaient imaginés que pour rendre l'étude du droit plus ardue et maintenir par ce moyen le peuple sous leur domination.

---

(1) Dans le même sens : Aubry et Rau sur Zachariæ. Duranton, Delvincourt et Rolland de Villargues.

Aujourd'hui nous ne reconnaissons plus les pactes comme pactes : la convention d'échange, avant même qu'elle ait reçu aucune exécution et aussitôt que le consentement des parties est intervenu, produit de part et d'autre une obligation civile. L'échange est donc un contrat *consensuel* comme la vente dont il est, pour ainsi dire, l'ébauche.

C'est un contrat *nommé* qui a ses règles particulières et un titre spécial dans notre Code.

L'échange est aussi un contrat *synallagmatique parfait*. Les parties sont obligées l'une envers l'autre, dès le principe, indépendamment de tout événement ultérieur.

C'est, de plus, un contrat *à titre onéreux*, puisque l'avantage procuré à l'une des parties ne lui est concédé que moyennant une prestation qu'elle a fournie ou à laquelle elle s'oblige.

Le plus souvent, ce contrat sera *commutatif*, c'est-à-dire que chacune des parties en retirera un avantage certain, mais il pourra se faire aussi qu'il soit *aléatoire*, qu'il procure soit des chances réciproques de gain ou de perte, soit des chances de gain combinées avec un avantage certain pour l'une ou l'autre des parties.

Comme tous les autres contrats, celui dont nous nous occupons est susceptible de nombreuses modalités. Souvent il sera pur et simple, mais rien n'empêchera les parties de le faire dépendre d'un événement futur et incertain, soit en suspendant l'existence jusqu'à l'accomplissement de l'événement futur, soit en le résiliant suivant que l'événement arrivera ou n'arrivera pas.

Les co-échangistes pourront encore limiter ou renvoyer à une époque certaine l'exécution de leurs obligations ou fixer un délai pour les exécuter.

Quelquefois les obligations des co-permutants auront pour objet deux ou plusieurs choses comprises sous une alternative, ou bien elles auront un objet déterminé avec faculté pour le débiteur de fournir une autre chose à la place, ou bien encore le contrat interviendra entre plus de deux personnes, une seule s'y obligera envers plusieurs, ou plusieurs envers une seule, ou plusieurs envers plusieurs.

D'autres fois les co-échangistes garantiront leurs obligations par un cautionnement ou par une hypothèque, ou bien ils l'accompagneront d'une clause pénale par laquelle ils s'obligeront, en cas d'inexécution, à quelque chose différent en quelque manière de ce qui fait l'objet de l'obligation principale.

Enfin, les parties pourront insérer le pacte de réméré dans le contrat d'échange aussi bien que dans le contrat de vente : l'échangiste acquéreur deviendra immédiatement propriétaire, et son co-permutant cessera de l'être, comme dans un échange pur et simple; mais la propriété ne se trouvera pas irrévocablement transmise, car elle sera considérée comme étant toujours restée sur la tête de l'aliénateur, si son co-échangiste lui restitue la chose reçue en contre échange dans le délai convenu.

Toutefois, comme l'intérêt public exige que les propriétés ne soient pas trop longtemps incertaines, la loi ne permet de stipuler la faculté de rachat que pour un délai de cinq ans au plus, et si le terme convenu est plus long, il se réduit de plein droit à ce maximum. Dans notre ancien droit, ce pacte pouvait être stipulé pour un terme indéfini.

L'échange n'est pas compris dans la catégorie des contrats *solennels;* aussi n'est-il assujetti à aucune forme prescrite par la loi.

Au premier coup-d'œil, il semble, d'après les expressions de l'art. 1582 — 2º, qui s'applique aussi bien à l'échange qu'à la vente en vertu de l'art. 1707, que la vente ne peut être faite que par écrit; mais Portalis, dans son discours de présentation de cette loi au Corps législatif, et Grenier, dans son rapport au Tribunat, ont positivement dit le contraire et réfuté les raisons de ceux qui pensaient que la vente des immeubles devait toujours se faire par écrit. Aujourd'hui, comme autrefois, l'écriture n'est point de l'essence de la vente, et cet article signifie tout simplement que, lorsque les parties ont recours à l'écriture pour la preuve de la vente, elles peuvent choisir soit la forme authentique, soit la forme sous seing privé.

Cette seconde partie de l'art. 1582 était, comme on le voit, tout à fait superflue, ou bien il fallait se contenter de dire que la vente se prouvait comme tous les autres contrats.

Pourvu donc qu'il n'y ait aucun doute sur leur consentement, les parties pourront se contenter d'un échange verbal (1). C'est, en effet, ce qui arrive presque toujours pour les objets de petite valeur ; tandis que, lorsqu'il s'agit d'immeubles ou même de meubles d'une grande importance, les co-permutants s'empressent de faire rédiger leur convention par écrit *non ad substantiam, sed ad probationem*, car ce contrat est soumis, quant à la preuve, aux règles générales qui régissent les obligations conventionnelles. On admettra la preuve testimoniale et les simples présomptions, s'il existe un commencement de preuve par écrit, ou même sans commencement de preuve par écrit, si la valeur des objets échangés ne dépasse pas 150 fr., ou enfin, si forte que soit la valeur des choses échangées, si les co-permutants avaient été dans l'impossibilité de rédiger un écrit ou s'ils l'avaient perdu. De plus, quelle que soit la valeur des choses échangées, l'échange verbal que l'une des parties refuserait d'exécuter serait parfaitement valable s'il était avoué par elle.

Dans un échange verbal ou dans un échange sous seing privé, s'il avait été convenu entre les parties qu'il serait rédigé après coup, dans le premier cas, un acte quelconque, et dans le second cas, un acte authentique, l'inexécution de cette convention ne saurait enlever son effet à la première convention, car c'est bien un échange que les parties ont entendu faire en premier lieu : « L'acte sous » seing privé, dit Portalis, n'est pas pour cela un simple » projet. On promet seulement d'y ajouter une forme plus

(1) Paris, 20 août 1808. Colmar, 15 janvier 1813.

» authentique, mais le fond du contrat demeure toujours
» indépendant de cette forme (1). » C'est aussi ce que décident plusieurs arrêts de la Cour de Bourges (2).

Néanmoins, il faut remarquer qu'il en serait tout autrement s'il était reconnu que les parties ont eu l'intention de
faire simplement un projet qui ne devait devenir échange
que par la rédaction de l'acte ultérieur.

(1) Exposé des motifs du titre de vente.
(2) Bourges, 20 août 1841 — 17 mai 1842.

CHAPITRE II.

DES CONDITIONS ESSENTIELLES A L'EXISTENCE DU CONTRAT D'ÉCHANGE.

Trois éléments sont de l'essence de l'échange : 1° le consentement des parties qui s'obligent; 2° leur capacité à l'effet de contracter; 3° deux choses données respectivement l'une pour l'autre.

I. — *Du consentement.*

Le consentement qui n'est soumis, quant à sa manifestation, à aucune formalité, doit porter sur les deux choses qui sont respectivement données l'une pour l'autre. De plus, pour qu'il puisse être considéré comme existant de fait, il faut qu'il émane de parties capables et ayant l'intention sérieuse de s'obliger, qu'il soit exempt d'erreur, de violence ou de dol, et enfin qu'il soit donné réciproquement par tous les co-échangistes.

L'erreur rend le contrat radicalement nul, lorsqu'elle porte sur la nature ou sur l'objet même de la convention. En effet, si l'une des parties a eu l'intention d'échanger, tandis que l'autre prétendait vendre ; ou bien si l'un des co-permutants a cru aliéner le champ A, tandis que l'autre croyait acquérir le champ B, il est bien certain qu'il n'y a pas eu concours de volonté et, par conséquent, pas de contrat.

C'est aussi ce que décidaient les jurisconsultes romains : « In omnibus negotiis contrahendis, dit Pomponius, sive » bona fide sint, sive non sint, si error aliquis intervenit, ut » aliud sentiat (puta) qui emit, aut qui conducit, aliud qui » cum his contrahit nihil valet quod acti sit. Et idem in

» societate quoque coeunda respondendum est, ut si dissen-
» tiant, aliud alio existimante, nihil valet ea societas. » (1)

Le contrat est seulement annulable lorsque l'erreur tombe sur la substance même de la chose qui en est l'objet sur cette qualité principale que les parties ont eue en vue en échangeant.

Ainsi, il a été jugé que, dans les échanges de tableaux, on devait regarder comme condition essentielle du marché que le tableau fût bien l'œuvre du maitre désigné dans la convention et que l'erreur sur ce nom devait être considérée comme tombant sur la substance même de la chose et annulant le contrat (2).

Mais l'erreur qui ne porte que sur les qualités accidentelles ou accessoires de la chose ne vicie pas le consentement et n'empêche pas le contrat de valoir.

« Si l'erreur, dit Pothier, ne concerne que quelque qua-
» lité accidentelle de la chose, comme si l'on me vend pour
» bon un drap qui est mauvais, cette erreur n'empêche pas
» que nous ne soyons vraiment convenus de la chose ven-
» due, et, par conséquent, il y a un véritable contrat de
» vente. » (3)

Quant à l'erreur sur la personne, elle n'est une cause de nullité qu'autant que la considération de la personne a été le motif principal de la convention. Elle sera bien rarement une cause d'annulation dans l'échange, à moins, cependant, que le contrat ne soit mêlé de donation et que l'erreur ne tombe sur la personne du donataire, parce que c'est toujours la considération de la personne qui détermine à donner (4).

Le consentement doit de plus être libre. Les engagements qui n'auront été consentis que par violence ou sous l'empire de la crainte seront donc vicieux ; ils seront annula-

(1) L. 57. D. De obl. et act. — Duranton. t. 10. n. 109 et suiv. Favard, etc.
(2) Paris. 9 janv. 1840.
(3) Contrat de vente, n. 35.
(4) Toullier. t. 6. n. 51. — Delvincourt. t. 2. p. 400. — Duranton. t. 10. n. 120.

bles et non pas radicalement nuls, parce que la violence rend, sans doute, la volonté imparfaite, mais ne l'anéantit pas absolument : *coacta voluntas, tamen voluntas est.* Peu importe, d'ailleurs, que les menaces aient été proférées ou les violences exercées par une des parties ou par un tiers (art. 1109 et 1111).

Toutefois, pour être une cause de nullité la violence doit être de nature à inspirer une crainte grave, à faire impression sur une personne raisonnable, jouissant d'une force de caractère ordinaire. Il faudra donc que le magistrat considère l'âge du contractant, son sexe, sa condition et les circonstances dans lesquelles le consentement a été donné, pour juger si les menaces ou les violences ont pu influencer la personne qui a contracté : car, ce qui peut intimider et contraindre à s'obliger une femme, un homme infirme, un vieillard ou un ecclésiastique, ne fait quelquefois qu'une très-faible impression sur un homme dans la force de l'âge et de la santé, ou sur un militaire, et ne peut pas être alors un motif valable de rescision.

Il faut ensuite que le mal dont est menacée la personne ou la fortune du contractant soit *présent,* c'est-à-dire prochain mais non pas actuel, et relativement *considérable.* Du reste, ce sera aux tribunaux à apprécier si le contractant a pu raisonnablement redouter le mal dont il était menacé ou bien si ses craintes n'étaient que chimériques.

Enfin, pour annuler l'échange, la violence doit être injuste, contraire aux lois, *adversus bonos mores.* « Les voies de » droit, dit Pothier, ne peuvent jamais passer pour une » violence injuste ; c'est pourquoi un débiteur ne peut jamais » se pourvoir contre un contrat qu'il a fait avec son créan- » cier, sur le seul prétexte qu'il a été intimidé par les me- » naces que ce créancier lui a faites d'exercer contre lui la » contrainte par corps qu'il avait le droit d'exercer, ni même » sur le prétexte qu'il a fait le contrat en prison, lorsque le » créancier a eu le droit de l'emprisonner (1). »

(1) Traité des Obligations, n. 26. — Toullier, T. VI, n. 81. — Marcadé, sur l'art. 1114.

La violence ne rend pas le contrat annulable seulement lorsqu'elle a été exercée sur la personne qui s'est obligée; elle vicie aussi le consentement lorsqu'elle a été dirigée contre l'époux ou l'épouse, les descendants ou les ascendants légitimes ou naturels du contractant. (Art. 1113.) Le législateur a présumé avec juste raison que le contractant peut aussi bien être impressionné par la crainte d'un mal dont on menace ces personnes ou leurs biens que par les violences qui seraient exercées sur lui-même. Cette présomption n'embrasse ni les frère et sœur, ni les oncle et tante de la partie qui s'oblige; cependant les menaces dirigées contre un frère, un ami, un cousin, etc., pourront quelquefois faire annuler le contrat, mais ce sera alors une question de fait laissée à l'appréciation des juges (1).

Toutefois, la seule crainte de déplaire à un père, à une mère ou à un ascendant n'est pas une cause de nullité de l'échange qui a été passé avec eux. L'on doit également décider que la crainte révérentielle de la femme envers son mari n'est point suffisante pour rendre vicieux les échanges qu'elle a faits avec lui ou avec des tiers sous son autorisation. C'est ce qui a été plusieurs fois jugé sous notre ancienne jurisprudence, notamment au Parlement d'Aix, le 8 janvier 1582, et au Parlement de Dijon, par arrêt du 11 juillet 1601.

A plus forte raison, la seule crainte révérentielle de l'inférieur ou domestique envers son supérieur ou maître n'est-elle pas un motif de rescision (2).

Si, cependant, il se joint quelque violence à la crainte révérentielle, l'échange pourra être annulé et la dépendance qui existe en pareil cas devra être considérée comme augmentant la violence réelle qui aura été exercée. Ainsi, il a été jugé qu'il y a violence, et non pas seulement crainte révérentielle, lorsqu'une femme a fait consentir un contrat

(1) Marcadé, sur l'art. 1113. — Massé et Vergé, sur Zachariæ. — Mourlon, T. II, p. 532.

(2) Aubry et Rau sur Zachariæ, T. II, p, 469, n. 17. — Marcadé, sur l'art. 111

à sa fille, enceinte et sur le point d'épouser l'auteur de sa grossesse, après l'avoir enfermée dans une chambre, en la menaçant de l'abandonner dans les douleurs de l'enfantement, si elle ne signait pas le contrat qu'elle lui présentait (1).

Le dol est également susceptible d'entraîner la nullité de l'échange, quand il a engendré une erreur sur le motif déterminant de ce contrat, lorsque « les manœuvres pratiquées par l'une des parties sont telles, qu'il est évident que, sans ces manœuvres, l'autre partie n'aurait pas contracté. » (Art. 1116.)

Mais il faut observer que l'exception de dol ne peut être opposée qu'à celui qui l'a commis, et que celui qui se plaint du dol est tenu d'en fournir la preuve.

La lésion peut encore vicier le consentement, mais elle n'est admise que dans certains contrats et à l'égard de certaines personnes.

Dans notre ancien droit, la rescision pour lésion n'avait pas lieu dans les échanges de meubles : « Celui qui a donné » des meubles, nous dit Pothier, en échange d'autre chose, » ne peut attaquer le contrat, quelque lésion qu'il prétende » avoir soufferte dans l'estimation desdits meubles; car la » règle de notre droit français, rapportée en l'art. 446 de la » Coutume d'Orléans, qui rejette le bénéfice de restitution » en aliénation de meubles, est une règle générale qui renferme l'échange aussi bien que la vente (2). »

Ce jurisconsulte ajoute : « La raison de ce droit peut être » que nos pères faisaient consister la richesse dans les biens » fonds et faisaient peu de cas des meubles; de là vient » que, dans la plupart des matières de notre droit français, » les meubles sont peu considérés. Il y a encore une autre » raison tirée du fréquent commerce des choses mobilières » qui passent souvent dans plusieurs mains en peu de

(1) Bruxelles, 22 août 1808.

(2) Contrat de vente, n. 620. — Dans le même sens : Godefroy, Cujas et Dumoulin.

» temps. Ce commerce serait troublé, si on admettait la
» restitution pour cause de lésion à l'égard des meu-
» bles (1). »

Mais il n'en était pas de même de celui qui avait échangé
un immeuble contre des choses dont la valeur était au-des-
sous de la moitié du juste prix de cet immeuble; il pouvait,
de même qu'un vendeur, demander la rescision du contrat,
à moins que l'autre échangiste ne préférât ajouter ce qui
manquait au juste prix.

Telle était l'opinion généralement adoptée. Cependant
quelques jurisconsultes étaient d'avis que, puisque la rescision pour lésion n'était pas admise au profit de l'acheteur,
on devait toujours la repousser dans l'échange, parce que,
dans ce contrat, il n'était pas possible de distinguer *uter
emptor et uter venditor* (2).

La doctrine de Pothier a été écartée dans le Code. L'art.
1706 refuse absolument la rescision pour lésion dans le
contrat d'échange. En effet, cette rescision n'a été admise
dans le contrat de vente qu'en faveur du vendeur qui n'a,
le plus souvent, disposé de sa chose à vil prix que
forcé par le besoin d'argent. L'acheteur, au contraire, contracte toujours volontairement; s'il donne un prix plus considérable que la valeur de l'objet qu'il acquiert, c'est que
cet objet est à sa convenance et cette convenance que lui
seul pouvait apprécier augmente nécessairement le prix
réel de la chose en lui ajoutant un prix d'affection. Ce sont
ces mêmes raisons qui ont fait exclure la rescision pour
lésion dans l'échange, ce contrat n'étant jamais le résultat
du besoin. Et puis, il y aurait eu contradiction si l'on avait
accordé cette action résolutoire aux échangistes alors qu'on
la refusait à l'acheteur, puisque, dans l'échange, chacun des
co-permutants se trouve à la fois vendeur et acheteur.

L'art. 888 qui décide que « l'action en rescision est admise
» contre tout acte qui a pour objet de faire cesser l'indivi-

(1) Traité des obligations, t. I. n. 39.
(2) Maurice, Basnage, Bernard et Oueret.

» sion entre les co-héritiers, encore qu'il soit qualifié de
» vente, d'*échange* et de transaction, ou de tout autre ma-
» nière, » ne fait nullement exception à la règle contenue
dans l'art. 1706. Cet art. 888 a été placé dans le Code simplement parce que le législateur a prévu le cas où l'on
essaierait de soustraire à la rescision un acte qui ferait cesser l'indivision, en lui donnant la qualification d'échange.
La loi a voulu que l'égalité régnât entre les co-héritiers aussi
bien dans un échange qui aurait eu précisément pour but
de faire cesser l'indivision, et qui ne serait au fond qu'un
véritable partage, que dans le partage lui-même, parce que
l'égalité est de l'essence même de cette convention.

II. — *De la capacité des parties.*

Pour faire un échange valable il faut être capable non-
seulement de contracter, mais encore d'aliéner, puisque l'é-
change est un contrat translatif de propriété.

Il est bien certain que les enfants, les personnes en état
d'ivresse, lorsque cette ivresse va jusqu'à leur faire perdre
l'usage de la raison, et les fous, pendant que dure leur folie,
ne peuvent valablement échanger, parce qu'ils sont incapables de consentement.

Quant aux sourds-muets, leur incapacité n'est pas absolue : c'est aux tribunaux à apprécier s'ils ont donné leur
consentement en connaissance de cause (1).

Le mineur non émancipé est également incapable de
faire un échange valable ; mais pour faire rescinder sa convention, il ne lui suffira pas de prouver qu'il était mineur
lorsque l'échange a été formé, car *minor non restituitur
tanquam minor ;* il faudra de plus qu'il prouve que le contrat qu'il a consenti lui est désavantageux, parce que le
principe de son incapacité est fondé sur la supposition de
son inexpérience, de son imprudence et de sa légèreté.
L'art. 1305, en effet, déclare qu'il peut faire rescinder toute

(1) Req. 8 août 1844.

sorte de convention en démontrant simplement qu'il a été lésé (1).

Il faut ensuite que la lésion résulte de l'acte même dont le mineur demande la rescision, puisque, aux termes de l'art. 1306, il n'y a pas lieu à rescision pour cause de lésion en faveur du mineur, lorsque la lésion ne résulte que d'un événement casuel et imprévu.

Enfin, ce n'est pas quant aux conventions qui ont été consenties en son nom par son tuteur que l'art. 1305 accorde au mineur l'action en rescision, c'est relativement aux échanges qu'il a faits lui-même. Cet article ne laisse aucun doute à cet égard, surtout si on le rapproche de ceux qui le suivent pour l'expliquer ou pour y déroger (2).

Ainsi, l'article 1305 parle des deux classes de mineurs et il place le mineur émancipé, pour les conventions qui excèdent les bornes de sa capacité, dans la même situation que le mineur non-émancipé pour toutes sortes de conventions. Or, le mineur émancipé n'a pas de tuteur, et il agit toujours en son nom sans que jamais son curateur le représente.

L'article 1307 dit que « la simple déclaration de majorité faite par le mineur ne fait point obstacle à sa restitution. » Il est bien évident que le mineur n'aurait eu aucun motif de déclarer qu'il était majeur, s'il n'avait pas fait le contrat lui-même et en l'absence de son tuteur, car la présence même de son tuteur eût démenti cette déclaration.

Les articles 1308, 1309, 1310 et 1311 supposent aussi que c'est le mineur en personne et non le tuteur qui a contracté.

La simple déclaration mensongère de majorité faite par le mineur (même avec mention dans l'acte), ne fait point obstacle à sa restitution pour cause de lésion; il serait bien facile à celui qui contracterait avec le mineur d'exiger de lui la déclaration de majorité (3).

(1) Toulouse, 13 février 1830. |
(2) Caen, 10 novembre 1844. — (3) Cass. 12 mars, 1807.

Si, cependant, le mineur avait employé des manœuvres pour persuader à son co-permutant qu'il était majeur, il ne pourrait pas faire rescinder le contrat pour lésion, parce que « le mineur n'est pas restituable contre les obligations résultant de son délit ou de son quasi-délit. » (art. 1310.)

Toutefois, le mineur pourra, quand il sera devenu majeur, valider l'échange annulable qu'il aurait consenti pendant sa minorité (art. 1311) par une ratification expresse ou tacite (art. 1338), par exemple en laissant expirer le délai de dix ans, à partir de sa majorité, délai pendant lequel il doit intenter l'action en rescision à peine de déchéance.

L'action en rescision est propre au mineur ; elle ne peut être intentée non-seulement par ceux qui ont contracté avec lui, mais encore par ceux qui lui ont servi de caution (1).

Quant au tuteur, nous pensons qu'il peut donner en échange les biens du mineur dont la tutelle lui est confiée, sans être obligé de remplir aucune formalité, lorsqu'il s'agit d'un échange de meubles contre des meubles et que le contrat peut être considéré comme un acte de simple administration, en se conformant, au contraire, aux prescriptions de l'article 457, quand il s'agit d'un échange d'immeubles ou même de meubles d'une certaine importance. Comment admettre, en effet, que le législateur ait voulu interdire l'échange des biens des mineurs tandis qu'il en a permis la vente ! (2)

Le mineur émancipé a une certaine capacité limitée par la loi ; mais il ne peut échanger, à moins que l'échange par lui consenti ne soit en réalité qu'un acte de simple administration, comme par exemple les échanges de fruits ou de coupes ordinaires de bois.

Les interdits qui, pendant leur interdiction, auraient fait un échange, pourraient attaquer ce contrat et le faire annuler indépendamment de toute lésion, comme ils pourraient

(1) Rennes, 19 juillet 1820. — Nancy, 4 juillet 1831.
(2) Aubry et Rau. § 113. p. 101. — Demolombe. t. VII. p. 787.

le valider par une ratificatiou expresse ou tacite en temps de capacité, par exemple, en laissant passer le délai de dix ans, à partir du jour de la main-levée de l'interdiction, sans intenter l'action en rescision.

La situation des personnes munies d'un conseil judiciaire est la même que celle des interdits relativement aux échanges qu'elles auraient consentis sans l'assistance de ce conseil.

A Rome, les femmes mariées étaient incapables de s'obliger pour autrui ou pour leur mari, mais elles pouvaient contracter dans leur propre intérêt sans autorisation. Notre ancien droit français, beaucoup plus rigoureux que le droit romain, exigeait que l'autorisation maritale fût formellement exprimée, parce que « le besoin qu'elle a (la femme), » dit Pothier, de requérir l'autorisation de son mari pour » contracter, n'étant pas requis pour l'intérêt de la femme, » mais comme une déférence qu'elle doit à son mari, elle » ne peut contracter en aucune manière soit à son avantage, » soit à son désavantage, sans l'autorisation de son mari (1). »

Dans notre droit actuel, la femme mariée ne peut ni aliéner, ni acquérir à titre gratuit ou onéreux, par conséquent ni échanger sans l'autorisation de son mari ou de justice (art. 217), à moins qu'elle ne soit séparée de corps ou seulement de biens, auquel cas elle peut échanger son mobilier dont elle a la libre disposition.

La nullité fondée sur le défaut d'autorisation qui était absolue dans l'ancienne jurisprudence et pouvait être opposée, sans qu'il y ait eu la moindre lésion, aussi bien par celui qui avait contracté avec la femme, que par elle et son mari, n'est plus aujourd'hui qu'une nullité relative qui ne peut être invoquée que par la femme ou ses héritiers et par son mari (art. 225).

Cependant, si l'échange a été pour la femme non autorisée une source de bénéfices, son co-permutant aura une action jusqu'à concurrence de ce dont elle aura profité, car il n'est

______

(1) Traité des obligations, t. I, n. 52.

pas juste qu'elle s'enrichisse aux dépens de celui avec lequel elle a contracté (1).

L'échange contracté par la femme, sans autorisation de son mari ou de justice, peut, comme celui de tout autre incapable, être validé par une ratification expresse ou tacite.

La ratification peut avoir lieu, pendant le mariage, par la femme autorisée de son mari ou de justice, ou après la dissolution du mariage par la femme ou ses héritiers.

Il y a encore certaines personnes qui, tout en étant capables d'aliéner, ne peuvent cependant pas contracter d'échanges avec certaines autres personnes déterminées.

C'est ainsi que le tuteur ne peut pas recevoir en échange les biens de celui qui est soumis à sa tutelle. La loi a voulu éviter que les tuteurs ne puissent abuser de leur autorité pour tromper les mineurs. Cette prohibition est d'ailleurs, conforme à la règle générale donnée par la L. 34, § 7 D. *de contrah. empt.* : « Tutor rem pupilli emere non potest. » Idemque porrigendum est ad similia, id est curatores, pro-» curatores et qui negotia aliena gerunt. »

L'art. 1597 défend à certaines personnes de devenir cessionnaires des droits litigieux qui sont de la compétence du Tribunal dans le ressort duquel elles exercent leurs fonctions.

L'art. 54 de l'ordonnance de 1560 défendait aussi à tous juges, avocats, procureurs et solliciteurs, à peine de *punition exemplaire*, de prendre cession de procès et droits litigieux, dans les tribunaux où ils exerçaient leurs fonctions et particulièrement des causes dont ils étaient chargés : c'était ce qu'on appelait *pactum de quotâ litis*. Ces défenses avaient été souvent renouvelées par des arrêts de règlement, mais elles étaient mal exécutées. Ces dispositions sont parfaitement applicables à l'échange.

Enfin, l'échange est-il permis entre mari et femme? Le droit romain qui, à la fin de la République, avait prohibé

<hr>

(1) Req. 12 mars 1811. — Req. 21 janvier 1855.

d'une façon absolue les donations entre conjoints (1), avait déclaré l'échange entre époux parfaitement valable, pourvu qu'il fût consenti de bonne foi et que, sous les apparences d'un contrat à titre onéreux, les contractants n'aient pas cherché à dissimuler des avantages indirects (2).

Dans notre ancien droit, le texte des coutumes semblait interdire les contrats entre conjoints, mais tous les commentateurs étaient d'avis que les époux pouvaient contracter entre eux, pourvu que leur but ne fût pas de dissimuler des donations.

Nous pensons qu'il en est de même sous l'empire de notre Code.

D'abord l'échange sera quelquefois un acte de sage administration, et, comme tel, il pourra être très-utile; cela est tellement vrai que le législateur autorise l'échange de l'immeuble dotal, bien qu'il soit inaliénable, pourvu qu'on se conforme aux prescriptions de l'art. 1559. Ensuite, lorsque l'un des époux contracte un échange, il ne veut pas en réalité aliéner un de ses immeubles, mais le remplacer par un autre qui lui paraît plus avantageux et qui est subrogé de plein droit à l'immeuble donné.

Du reste, l'article 1122 nous dit que « toute personne peut contracter si elle n'en a pas été déclarée incapable par la loi, » or, il n'y a dans notre Code aucun article qui prohibe l'échange entre conjoints, tandis que le législateur a interdit aux époux, par des dispositions spéciales, les contrats qui pouvaient avoir des dangers sérieux, comme la vente, à l'exception de trois cas. (Art. 1595).

De plus, l'art. 1707 n'est pas absolu, car beaucoup de règles de la vente, notamment celles qui sont contenues dans les articles 1602 et 1593, ne peuvent pas s'appliquer au contrat d'échange.

Si, cependant, les époux avaient voulu dissimuler une libéralité, il est bien certain que le contrat serait *nul* en vertu de l'article 1099.

(1) L. 3. §§ 10 et suiv. D. 58. De donat. int. vir et ux.
(2) L. 36. § 1. De eod tit.

III. — *Des choses qui peuvent être échangées.*

Dans l'échange, l'obligation de chacune des parties a pour cause l'obligation de l'autre partie et pour objet une chose en nature autre que de l'argent monnayé.

Toutes les choses qui sont dans le commerce peuvent faire l'objet d'un échange, à moins qu'une loi spéciale n'en ait prohibé l'aliénation.

Ainsi, on pourra échanger les choses incorporelles, telles qu'une créance, une hérédité, une servitude, un usufruit, et les choses qui n'existent encore qu'en espérance, comme le produit d'un coup de filet.

L'échange peut aussi avoir pour objet les choses futures, par exemple, les fruits à naître dans tel ou tel champ, mais alors il faut examiner si c'est la chance des fruits ou les fruits eux-mêmes qui ont été échangés, parce que, dans le premier cas, le contrat sera *aléatoire*, et l'échangiste acquéreur devra donner la chose qu'il avait promise en contre-échange, même si le champ ne produit aucun fruit; tandis que, dans le second cas, le contrat sera *commutatif* et l'échangiste-acquéreur sera délié de son obligation si les fruits viennent à manquer.

Les tribunaux reconnaîtront si c'est la chance des fruits ou les fruits eux-mêmes qui ont été échangés, en comparant la valeur de la chose promise en contre-échange à celle des fruits que produit ordinairement le champ. La valeur des fruits que produit en général le champ est-elle à peu près égale à la valeur de la chose promise en contre-échange, ce sont les fruits eux-mêmes qui font l'objet du contrat. Dans le cas contraire, c'était simplement de la chance des fruits qu'il s'agissait.

Il est, toutefois, des choses futures dont la loi a prohibé l'échange : telle est la succession d'une personne vivante, qu'il s'agisse de la totalité ou seulement d'une partie, même avec le consentement de celui de la succession duquel il s'agit, car on ne peut valider une convention illicite et contraire aux bonnes mœurs. (Art. 1130 et 1600.)

Le droit romain ne permettait pas non plus les échanges de successions futures, mais alors seulement qu'ils avaient été faits sans le consentement de celui de la succession duquel il s'agissait; on pensait comme aujourd'hui qu'il était indécent de spéculer sur la mort d'un homme qui devait vous laisser sa fortune.

Les compositions littéraires, scientifiques ou artistiques, les œuvres de l'esprit sont aussi susceptibles d'être échangées; cependant, ce qu'on peut échanger en pareille matière, ce n'est pas l'œuvre elle-même, mais un simple droit d'exploitation commerciale toujours soumis à l'appréciation de l'auteur. Ainsi, un éditeur qui a acquis un manuscrit quelconque n'a pas pour cela le droit d'enlever le nom de l'auteur et d'y substituer le sien; il ne peut même pas faire à ce manuscrit le moindre changement, tandis qu'il est obligé d'accepter toutes les corrections que l'auteur croira devoir faire à son œuvre. Il n'acquiert que le droit de publier l'ouvrage et d'en retirer le plus grand profit possible; l'auteur reste toujours le seul vrai propriétaire de son œuvre.

Exceptionnellement, le droit de présentation pour quelques offices a été placé dans le commerce par la loi du 28 avril 1816. (Art. 91.)

Les offices d'avocats à la Cour de Cassation, d'avoués, de greffiers, de notaires, d'huissiers, etc..., pourront être échangés, mais à la condition que le gouvernement acceptera le candidat présenté par le titulaire, car le gouvernement a le devoir d'exercer une surveillance constante sur les officiers ministériels, et tout le monde est intéressé à ce que ces emplois ne soient pas occupés par des ignorants et par des personnes sans moralité. Quant aux offices et fonctions publiques, le commerce en a été prohibé et déclaré illicite par les lois des 4 avril 1789 et 6 octobre 1791.

Nous pensons aussi que la clientèle d'un médecin peut faire l'objet d'un échange. En effet, il a été jugé que la convention par laquelle un médecin s'engage envers un de ses confrères, moyennant une somme d'argent, à l'accréditer auprès de ses clients et à se le substituer auprès d'eux, autant que cela dépendra de sa volonté, s'interdisant, en même temps, l'exercice de sa profession dans un certain rayon, est parfaitement valable (1); que la clientèle d'un médecin peut faire l'objet d'un contrat de vente (2). De tels engagements n'ont rien qui soit contraire à la morale, aux bonnes mœurs et à la liberté des professions.

Les immeubles dotaux sont en principe inaliénables, mais ils peuvent être échangés, moyennant qu'on ne les échange que contre un immeuble de même valeur pour les quatre cinquièmes au moins, et si l'on obtient le consentement de la femme et l'autorisation de justice, après qu'une estimation d'experts nommés d'office par le tribunal aura établi l'utilité de l'échange. L'échange du fonds dotal pourra donc avoir lieu contre des valeurs qui ne sont immeubles que par la détermination de la loi, comme les actions de la Banque de France, mais jamais contre des objets mobiliers.

Des lois de police prohibent le commerce des matières vénéneuses, parce que leur emploi présente de grands dangers; mais il ne saurait en être de même de celles qui entrent dans la composition des teintures et des médicaments, car ces substances peuvent être très utiles, indispensables même; ces dernières, cependant, ne peuvent être échangées que par les personnes qui en font l'emploi ou le commerce, par état.

On ne peut pas échanger les comestibles qui ont été reconnus nuisibles à la santé, ni les boissons falsifiées, ni les armes et munitions de guerre, ni les choses dont l'Etat s'est réservé le monopole, comme les tabacs, la poudre, etc.

A Rome on pouvait échanger le blé en vert (3); le com-

---

(1) Paris, 6 mars 1851.
(2) Tribunal de la Seine. — 17 mars 1846.
(3) L, 78. § dernier. D. de cont. empt,

merce en a été prohibé dans notre ancien droit (1), et cette défense existe encore aujourd'hui.

On ne peut pas non plus échanger les pensions de l'Etat, ni les droits d'usage et d'habitation, à moins de conventions contraires. (Art. 631, 634 et 628.)

A Rome, l'échange de la chose d'autrui était nul. Cette doctrine qui avait été admise par nos coutumes a été également acceptée dans notre droit actuel et sanctionnée par la jurisprudence.

Ainsi, il a été jugé que l'article 1599 s'applique à l'échange, bien que le contrat soit entièrement consommé par la livraison respective et la prise de possession de tous les biens échangés (2).

Cependant l'échange de la chose d'autrui devient valable lorsque le véritable propriétaire ratifie l'aliénation avant que l'échangiste acquéreur ait intenté l'action en nullité. En effet, tant que ce dernier n'intentera pas l'action en nullité, il entendra conserver la propriété de la chose reçue en échange, de sorte qu'il y aura concours de volontés, lorsque le véritable propriétaire ratifiera l'aliénation et, par conséquent, l'échangiste acquéreur deviendra propriétaire à partir du jour de la ratification.

Si, au contraire, l'action en nullité à précédé la ratification, l'échangiste acquéreur peut, à son choix, maintenir l'échange ou en faire prononcer la nullité, puisque, au moment où le propriétaire consent à transférer son droit à l'acquéreur, le seul élément qui manque pour qu'il y ait échange valable, c'est le consentement de cet acquéreur (3).

Quoique l'échange de la chose d'autrui soit nul, il pourra cependant, faire naître certaines obligations.

Lorsque les deux échangistes sont de bonne foi et que l'un d'eux, avant d'avoir livré la chose qui fait l'objet de son

(1) Capit. de Charlemagne. Liv. IV. appen 2. n. 16 et 26. — Ordon. de Louis XIV. 22 juillet 1694. — Loi. 6 messidor an III.

(2) Poitiers. 16 avril 1822.

(3) Duranton. t. XVI, 170. — Troplong. I. 237. — Duvergier. I. 210. — Riom, 12 janvier 1827. — Rej. 23 janv. 1832. — Amiens, 13 août 1840.

obligation, s'aperçoit et peut prouver que la chose qu'il a reçue n'était pas la propriété de son co-permutant, il peut refuser de livrer sa propre chose en restituant celle qu'il a reçue. Il a même droit à des dommages-intérêts pour l'inexécution du contrat. (Art. 1704).

Il en sera de même si l'un des co-permutants ne s'aperçoit qu'on lui a donné la chose d'autrui qu'après avoir livré sa propre chose, ou s'il ne remarque l'absence du droit de propriété qu'après avoir livré et avant d'avoir reçu.

Lorsque les deux échangistes sont de mauvaise foi, les choses restent dans le *statu quo*.

Si l'échangiste qui a livré la chose d'autrui était de mauvaise foi, tandis que son co-permutant était de bonne foi, il est évident qu'il ne pourra pas reprendre la chose livrée en proposant à l'autre partie de l'indemniser du dommage qu'il lui a causé. Ce bénéfice de revendication ne peut appartenir qu'au véritable propriétaire, de telle sorte que si ce dernier ne revendique pas, l'échangiste qui détient la chose pourra, s'il le veut, continuer à en jouir, car on doit plutôt favoriser l'acquéreur de bonne foi que l'aliénateur de mauvaise foi.

Si l'aliénateur de mauvaise foi de la chose d'autrui est devenu propriétaire depuis le contrat, il ne pourra pas non plus, en invoquant la nullité de ce contrat, revendiquer la chose qu'il a livrée.

Si, au contraire, l'échangiste aliénateur a cru échanger sa propre chose, tandis que son co-permutant savait qu'elle appartenait à autrui, il peut refuser de faire la délivrance, quand il découvre son erreur; ou bien, quand il a livré, il a le droit d'exiger la restitution de la chose en offrant lui-même de restituer la chose qu'il a reçue en contre-échange.

Si l'une des choses que les parties avaient l'intention d'échanger est périe au moment où elles contractent, l'échange est nul; le contrat est d'une part sans cause, et de l'autre sans objet.

Mais, lorsque la perte n'est que partielle, la partie qui

doit recevoir la chose détériorée a le choix de la prendre dans l'état où elle se trouve en se faisant donner une soulte ou une rémunération quelconque qui sera fixée par des experts, ou bien, elle peut abandonner le contrat, quoique la perte ne soit pas de moitié de la chose et quoique le propriétaire de l'objet détérioré fût de bonne foi.

Cependant, nous pensons qu'on devrait refuser la résolution du contrat lorsque la perte serait si peu importante qu'elle ne pût être considérée que comme un prétexte saisi par l'échangiste acquéreur pour se décharger des obligations de la convention (1).

Nous croyons également que l'échangiste acquéreur ne pourrait pas demander la rescision du contrat s'il avait connu cette destruction partielle au moment de l'échange, parce que s'il a donné son consentement, en pareil cas, c'est qu'il a reconnu que la chose reçue valait autant, quoique détériorée, que celle qu'il a donnée en contre-échange.

Le droit romain était, en cette matière, plus rigoureux que notre Code. En effet, d'après le jurisconsulte Paul, pour qu'une vente fût considérée comme inexistante, il fallait que plus de la moitié de la chose vendue fût périe au moment de l'accord des volontés, et, dans le cas contraire, l'acheteur n'obtenait qu'une diminution de prix fixée par experts (2).

Enfin, l'échange se fera en général d'espèce à espèce; mais rien n'empêche d'échanger une chose d'une nature pour une autre chose d'une autre nature; par exemple, un immeuble contre un meuble. Le contrat qui contiendrait une telle convention serait en droit un véritable échange et nullement une vente, comme le prétendent certains auteurs (3).

En effet, il n'y a vente que lorsqu'il y a dation d'une chose en nature pour un prix en argent monnayé ou des choses qu'il est d'usage et que les parties ont eu l'intention

---

(1) Duvergier, t. I, n. 237. Marcadé, sur l'art. 1601, n. 2.
(2) L. 57. D. de cont. empt.
(3) Championnière et Rigaud, De l'enregistrement, t. III, n. 1709 et suiv.

d'assimiler à une somme d'argent. *Emptio fit pretio, permutatio fit rebus.*

Il en était de même dans notre ancien droit : « L'échange » d'un immeuble contre un meuble, dit Fonmaur, ne peut » avoir le caractère d'une vente, puisque le prix en argent » est de l'essence de la vente (1). »

(1) Lods et ventes, n. 327.

CHAPITRE III.

DES OBLIGATIONS DES CO-ÉCHANGISTES.

Dans l'échange, chacun des co-permutants s'oblige envers l'autre : 1° à lui délivrer la chose qu'il a promis de lui donner en échange et à lui en transférer la propriété ; 2° à le garantir des évictions, des charges réelles et des vices rédhibitoires.

Section Ire. — *De la délivrance.*

La délivrance est le transport fait par l'un des co-échangistes de la chose qu'il donne en échange en la puissance et possession de la partie qui doit la recevoir. Elle ne fait donc que donner à l'échangiste acquéreur la possession de la chose dont il avait déjà la propriété.

Le Code nous indique différents modes de délivrance qui varient suivant la nature des objets échangés (art. 1605, 1606 et 1607); mais, en général, l'obligation de délivrer est remplie quand l'échangiste aliénateur a mis la chose sous la puissance effective de l'échangiste acquéreur.

L'art. 1605, que nous devons appliquer à l'échange en vertu de l'art. 1707, nous dit que, pour les immeubles, la délivrance se consomme par la remise soit des clefs soit des titres.

Cet article est rédigé d'une façon vicieuse. En effet, il est évident que si l'échange a pour objet, par exemple, une maison que Paul habite, la délivrance ne sera accomplie que lorsque Paul aura délaissé la maison et qu'il aura remis à son co-échangiste les clefs et les titres de propriété, s'il en a; tandis que s'il s'agit d'un enclos ou d'un jardin non entouré de murs, il est bien certain que l'obligation de délivrer sera remplie, dans le premier cas, par la remise des clefs et des titres, s'il en existe, et qu'il suffira, dans le second cas, de remettre les titres de propriété ou simplement de s'abstenir de tout ce qui pourrait gêner la libre jouissance de l'échangiste acquéreur, s'il n'y a pas de titres.

Cet article veut donc dire, non pas que l'échangiste aliénateur a toujours rempli son obligation de délivrer lorsqu'il a remis soit les clefs, soit les titres, mais que la délivrance d'un immeuble peut être quelquefois entièrement consommée par la simple remise des clefs ou des titres.

La délivrance s'opère, même sans aucune tradition, lorsque l'échangiste acquéreur était déjà, au moment de l'échange, en possession de l'immeuble à un autre titre que celui de propriétaire, par exemple à titre de fermier. L'acquéreur commence à posséder pour lui à partir du contrat, tandis qu'il possédait pour le compte de son co-échangiste avant la convention.

Il n'y aura non plus aucune tradition à faire lorsqu'il sera intervenu entre les co-permutants une convention qu'on nomme *constitut possessoire* ou *clause de constitut et de précaire*, par laquelle il est stipulé que l'échangiste aliénateur restera en possession de l'immeuble donné par lui en échange soit à titre de locataire ou de fermier, soit à titre d'usufruitier. C'est alors pour l'acquéreur qu'il possèdera et non plus pour son propre compte.

Il faut, toutefois, observer que, dans ces deux cas, il faudra faire la remise des titres, s'il en existe.

Pour les meubles, la délivrance peut se faire, d'après l'art. 1606, soit par la tradition *réelle*, c'est-à-dire par la livraison des choses elles-mêmes *de manu ad manum*, lorsque, par exemple, je vous mets en main les livres qui font l'objet du contrat, soit par la remise des clefs des bâtiments où se trouvent les objets échangés, ce qui est encore une tradition réelle, soit même par le consentement, mais seulement dans deux cas : 1º lorsqu'on n'en peut pas faire le transport au moment de l'échange, que la livraison effective ne peut pas avoir lieu immédiatement; 2º lorsque la chose se trouve entre les mains de l'échangiste acquéreur, au moment du contrat, quand, par exemple, il la détenait déjà en qualité de locataire, de dépositaire ou d'emprunteur.

Du reste, ces trois modes de délivrance ne sont pas les seuls qui soient applicables aux meubles.

Ainsi, il a été jugé qu'il y a tradition d'une coupe de bois, lorsque l'acquéreur a fait abattre le bois à son compte ou qu'il a fait imprimer sa marque sur quelques-uns des arbres abattus (1).

La remise des titres suffit quelquefois pour opérer la tradition des meubles aussi bien que celle des immeubles.

Enfin, deux modes de délivrance sont indiqués par l'article 1607, pour les choses incorporelles : la remise des titres, et l'usage que l'acquéreur fait des droits cédés, du consentement du précédent propriétaire. Ainsi, Pierre fera la délivrance d'un droit d'usufruit échangé à Paul, en remettant à ce dernier le titre constitutif de cet usufruit et en le laissant librement jouir de son droit. Mais si Paul avait échangé une servitude purement négative, la délivrance résulterait du seul consentement de Pierre.

Dans la vente, chacune des parties doit payer les frais auxquels peut donner lieu l'acte qui lui incombe, à moins de convention contraire : le vendeur qui est obligé de délivrer supporte les frais de délivrance, et l'acheteur qui enlève, supporte les frais d'enlèvement; mais, dans l'échange, il ne peut pas en être de même, puisque chacun des co-permutants est à la fois vendeur et acheteur, et que l'un et l'autre enlève et délivre en même temps. Il est donc juste que les frais soient partagés par moitié, et c'est ce qui arrive, à moins de stipulation contraire.

C'est par la convention des parties que se règle le lieu de la livraison; si aucune stipulation n'a été faite à cet égard, la chose sera délivrée au lieu où elle se trouvait au moment où l'échange s'est formé, et si plusieurs endroits ont été désignés alternativement pour la livraison, le choix appartiendra à l'échangiste qui doit livrer sa chose.

____

(1) Rej., 20 janvier 1808.

S'il n'a rien été convenu au sujet du moment auquel doit se faire la livraison, le co-échangiste acquéreur pourra réclamer la délivrance immédiatement après l'accord des volontés, à moins qu'il n'y ait une impossibilité matérielle connue, d'ailleurs, de l'échangiste acquéreur qui nécessite un certain délai.

Toutefois l'échangiste aliénateur peut refuser la délivrance tant que son co-permutant n'offre pas lui-même d'exécuter son obligation.

Si l'échangiste qui doit faire la délivrance manque de remplir son obligation à l'époque convenue, et que ce retard provienne de son fait, son co-échangiste pourra, à son choix, demander en justice la résolution du contrat ou sa mise en possession avec des dommages-intérêts, si ce retard lui a causé un préjudice.

Cependant, lorsque l'aliénateur prouve qu'il a été empêché de faire la délivrance dans le temps convenu par un cas fortuit ou de force majeure, il ne peut être condamné à aucuns dommages-intérêts, et l'échange doit être maintenu.

Mais il faut remarquer que la résolution du contrat ou la condamnation à des dommages-intérêts ne peuvent être prononcées que lorsque l'aliénateur n'a pas accompli son obligation, après sommation (art. 1139 et 1146), à moins qu'il n'ait été expressément déclaré dans l'acte qui constate la convention que l'aliénateur serait mis en demeure par la seule échéance du terme, sans qu'il soit besoin d'acte. De plus, les juges pourront toujours, en considération de la position de l'échangiste aliénateur, lui accorder un délai modéré pour exécuter son obligation. (Art. 1244.)

La chose doit être délivrée dans l'état où elle se trouvait au moment du contrat, puisque l'échangiste acquéreur est propriétaire depuis ce moment-là.

Entre la date du contrat et l'époque de la délivrance, l'échangiste aliénateur doit apporter à la conservation de la chose les soins d'un bon père de famille. Il est responsable de la perte et des détériorations qui proviennent de son fait;

mais si, pendant ce même intervalle, il a été obligé de faire des dépenses pour la conservation de la chose, il est bien évident qu'il devra en être indemnisé par son co-permutant.

Quant à l'échangiste acquéreur, la chose est à ses risques depuis le moment où il en est devenu propriétaire. Il souffrira même la perte et les détériorations, lorsque son co-permutant a été mis en demeure, si la chose eût dû également périr ou être détériorée chez lui, au cas où elle aurait été livrée.

La délivrance doit comprendre toutes les dépendances, tous les accessoires de l'objet principal (art. 1615) et les accroissements qui surviendraient à la chose depuis le contrat jusqu'à la délivrance. Les magistrats sont, du reste, chargés d'apprécier quelles sont les choses qui peuvent être considérées comme acessoires

En général, lorsque l'objet de l'échange est un immeuble, il n'y a pas lieu à indemnité pour défaut de contenance, parce que, presque toujours, ce contrat n'est déterminé que par un motif de pure convenance et que chacun des co-permutants n'a accepté la chose reçue en échange que parce qu'il considérait que cette chose était d'une valeur égale ou à peu près égale à celle de l'objet qu'il avait lui-même donné en contre-échange (1)

Mais on devra admettre la demande d'indemnité et quelquefois même prononcer la résolution du contrat, lorsque les circonstances démontreront que les parties ont eu l'intention de contracter *non ad corpus*, mais *ad mensuram;* car les règles qui ont été tracées pour la vente, en ce qui concerne la délivrance, sont applicables au contrat d'échange, en vertu de l'art. 1707.

La partie qui aura obtenu la résolution devra être remboursée des frais du contrat et pourra recevoir aussi des dommages-intérêts si l'inexécution de l'obligation de son co-permutant lui a causé un préjudice.

Les co-permutants doivent aussi se transférer la propriété de la chose échangée.

(1) Colmar, 1 mai 1807.

Cette obligation n'existera en réalité que lorsque l'échange aura pour objet :

1° Des choses qui ne seront pas déterminées dans leur individualité ;

2° Des corps certains n'appartenant pas à l'échangiste aliénateur, promis et stipulés purement et simplement ;

3° Des corps certains appartenant à l'aliénateur, mais dont il aura été convenu de ne transférer la propriété qu'à une époque ultérieure ;

4° Des corps certains promis et stipulés sous une alternative.

Au contraire, quand l'échange porte sur des corps certains dont la partie qui aliène est propriétaire, cette obligation de transférer la propriété sera exécutée au moment même où elle naît, parce que le déplacement de propriété s'accomplit par l'effet immédiat et instantané du contrat. Cependant la translation de propriété n'a d'effet vis-à-vis des tiers qu'après l'accomplissement de certaines formalités.

Sous l'empire de la loi de brumaire an VII, l'échangiste aliénateur d'un immeuble restait propriétaire à l'égard des tiers tant que l'échangiste acquéreur n'avait pas fait transcrire son acte d'échange.

« Les actes translatifs de biens et droits susceptibles
» d'hypothèque doivent être transcrits sur les registres du
» bureau de la conservation des hypothèques dans l'arron-
» dissement duquel les biens sont situés. Jusque-là ils ne
» peuvent être opposés aux tiers qui auraient contracté
» avec le vendeur et qui se seraient conformés aux disposi-
» tions de la présente. » (Art. 26.)

Ce principe de la transcription qui n'avait pas été conservé dans notre Code par suite des dissidences qui se produisirent au Conseil d'Etat a été rétabli par le législateur de 1855, qui lui a même donné une plus grande extension.

En effet, les art. 1, 2 et 3 de la loi du 23 mars décident que tous les actes translatifs ou constitutifs de la propriété, de ses démembrements ou de certaines charges qui en déprécient la valeur sont soumis à la nécessité de la transcription pour leur validité à l'égard des tiers.

Si donc, par exemple, Pierre donne en échange son immeuble B à deux acquéreurs successifs, la propriété de cet immeuble passera à celui des deux acquéreurs qui, le premier, aura fait transcrire son titre, et, si les deux actes ont été transcrits le même jour, celui qui occupera le premier rang sur le registre des transcriptions aura la préférence.

Il faut remarquer, toutefois, que le défaut de transcription ne peut être invoqué que par « les tiers qui ont des droits sur l'immeuble et qui les ont conservés en se conformant aux lois. » (Art. 3.)

L'échangiste acquéreur devient donc propriétaire de l'immeuble qui lui a été donné en échange par la seule force du contrat, tant à l'égard des tiers qui, sans avoir traité avec l'échangiste aliénateur, se sont emparés de l'immeuble, que vis-à-vis de l'échangiste aliénateur lui-même, de ses héritiers ou de ses créanciers chirographaires.

Il en résulte que, si les créanciers chirographaires de l'échangiste aliénateur ont saisi l'immeuble objet du contrat, l'échangiste acquéreur peut le faire distraire de la saisie, à moins, cependant, que l'échange n'ait été consenti que lorsque la saisie était déjà transcrite, auquel cas l'échange est nul. (Art. 686. Pr. civ.)

Quand il s'agit de meubles corporels, la propriété est déplacée *erga omnes* par le seul effet de la convention (Art. 1138.)

L'échangiste acquéreur peut revendiquer le meuble qu'il a acquis en échange contre les tiers aussi bien que contre son co-permutant. Cependant, si le co-permutant aliénateur d'un meuble donnait de nouveau ce meuble en échange et le livrait à un second acquéreur *de bonne foi*, il est bien évident que le premier acquéreur ne pourrait pas le revendiquer, puisque le second acquéreur en serait devenu lui-même propriétaire en vertu d'une prescription instantanée, puisque *sa possession vaudrait titre*. (Art. 2279 et 1141.)

La propriété des créances est transmise, *inter partes*, par le seul consentement et la délivrance opérée par la remise du titre, mais la cession n'est opposable aux tiers que lorsqu'elle a été acceptée dans un acte authentique par le cédé, ou, à défaut de cette acceptation, lorsqu'elle lui a été signifiée. L'accomplissement de ces formalités n'est cependant pas nécessaire pour le transport de toutes les créances. Ainsi, le déplacement de la propriété s'effectue *erga omnes* par une inscription sur les registres du Trésor pour les rentes nominatives sur l'Etat et sur les registres de la Banque de France pour les actions nominatives de la Banque ; par le simple endossement pour les billets à ordre ou les lettres de change et pour les warrants ; enfin, par la tradition même pour les actions ou billets au porteur (1).

SECTION II. — De la garantie.

Les co-échangistes doivent mutuellement se garantir, c'est-à-dire se protéger, se défendre et subsidiairement s'indemniser à raison : 1º de tout ce qui peut empêcher la libre et paisible possession de la chose livrée en échange ; 2º des défauts cachés de cette chose ou vices rédhibitoires.

§ I. — De la garantie en cas d'éviction.

La garantie, qu'on peut considérer comme le complément nécessaire de la délivrance, est de la nature de l'échange ; elle existe de plein droit et en dehors de toute stipulation (Art. 1626-1707); chacun des co-échangistes est censé ne promettre de livrer sa chose que sous la condition qu'il pourra jouir paisiblement de celle qu'il doit recevoir en contre-échange. Si donc l'acquéreur est dépossédé par un tiers qui se prétend propriétaire, il est bien juste que l'aliénateur vienne défendre le droit qu'il a transmis.

Mais, comme la garantie n'est pas de l'essence du contrat d'échange, on peut, par une convention particulière,

(1) L. du 28 flor., an VII. — Décr. du 16 janv, 1808,

étendre, diminuer l'effet de cette obligation, ou même la supprimer entièrement. (Art. 1627.)

Ainsi, on peut étendre l'obligation de garantie à des causes d'éviction qu'elle n'embrasse pas naturellement; par exemple, en stipulant qu'elle devra s'appliquer même au cas de force majeure. Il faut que la stipulation soit expresse et spéciale pour qu'elle produise cet effet, car une promesse vague et générale de garantir le co-permutant acquéreur *de tous troubles et empêchements quelconques* serait parfaitement inutile et laisserait les parties dans les termes de la loi (1).

Les co-échangistes peuvent, en sens inverse, restreindre l'obligation de garantie en convenant, par exemple, qu'elle ne s'appliquera pas à telle ou telle cause d'éviction.

Les jurisconsultes ont appelé *garantie de fait* cette garantie plus large ou plus étroite que celle de la loi et qui n'existe qu'en vertu de la volonté des contractants, par opposition à celle qui résulte naturellement du contrat et qu'on nomme pour cela : *garantie de droit.*

Toutefois, l'aliénateur demeure toujours tenu de la garantie des faits qui lui sont personnels, bien qu'il ait été convenu qu'il ne serait dû aucune garantie (art. 1628); car la bonne foi et l'équité condamnent une stipulation par laquelle on ne répondrait pas d'un dommage qu'on causerait soi-même, à l'aide de laquelle on pourrait impunément enlever à son co-permutant la chose qu'on lui a donnée en échange.« Il » serait contre toute justice, disait Faure dans son rapport au » Tribunat, de souffrir que le vendeur profitât de sa fraude, » et contre toute raison, de présumer que l'acquéreur a bien » voulu lui permettre de le tromper impunément. » Sous ce rapport, la garantie est essentielle au contrat d'échange.

On doit, cependant, distinguer si les faits personnels sont postérieurs ou antérieurs au contrat. S'ils sont postérieurs, l'aliénateur ne pourra pas stipuler la non-garantie; il en

(1) Duvergier. t. 1. n. 333. — Troplong. vente t. 1. n. 465 et suiv. — Bordeaux, 23 janv. 1826.

sera de même des faits antérieurs au contrat, lorsque l'aliénateur ne les a pas déclarés. Si, au contraire, il n'a pas laissé ignorer les faits personnels desquels il peut résulter des évictions, évictions dont il a déclaré ne vouloir pas être garant, et que l'acquéreur ait accepté cette convention, rien ne s'oppose à ce que cette clause produise son effet.

L'aliénateur sera dispensé de toute garantie, autre que celle résultant de son fait personnel, dans deux cas : 1° quand l'acquéreur a déclaré qu'il échangeait à ses risques et périls ou renoncé à la garantie en connaissance des dangers de l'éviction ; 2° quand l'acquéreur a mis son co-échangiste dans l'impossibilité de se défendre sur la demande en éviction, quand au lieu de l'appeler en temps utile il s'est laissé condamner par un jugement qui ne peut pas être attaqué et que celui-ci prouve qu'il existait des moyens suffisants pour faire rejeter la demande du tiers auteur de l'éviction. (Art. 1629, 1640.)

Lorsqu'il n'y a pas de clause particulière dans le contrat, l'échangiste qui aliène doit la garantie à raison de l'éviction totale ou partielle de la chose échangée et à raison des charges non déclarées qui peuvent la grever ; mais il faut que cette éviction procède d'une cause antérieure au contrat, car, du jour de l'échange, la chose est aux risques de l'échangiste acquéreur ; par conséquent, la garantie n'est pas due à ce dernier s'il est dépossédé pour cause d'utilité publique ; il n'a droit, en pareil cas, qu'à l'indemnité fixée par le jury d'expropriation.

Mais que doit-on décider lorsque l'éviction a pour cause une prescription commencée avant le contrat et qui ne s'est accomplie que depuis ?

Certains auteurs refusent la garantie, parce que c'est la faute de l'acquéreur si la possession a continué depuis le contrat de manière à faire acquérir la prescription, parce que l'éviction procède alors d'une cause postérieure à l'échange puisque la prescription ne s'est accomplie que depuis le contrat (1).

(1) Troplong, I, 425. — Rolland de Villargues, Vente, n. 333. — Duvergier, T, I, n. 314. — Bourges, 4 février 1823.

La Cour de Bordeaux a jugé, au contraire, que la garantie était due parce qu'il suffit que l'éviction ait une cause ou seulement *un germe*, selon l'expression de Pothier, pour que l'aliénateur en soit tenu (1).

Nous pensons que ces deux doctrines sont inexactes et qu'on ne doit pas résoudre la question d'une façon trop absolue : il faudra examiner laquelle des deux parties était en faute. L'aliénateur sera obligé à la garantie si, au moment du contrat il ne restait plus que quelques jours ou quelques mois à courir pour que la prescription fût accomplie, et s'il n'en a pas averti son co-permutant, car la garantie est due même lorsque l'éviction résulte d'une cause postérieure à l'échange, si la cause de cette éviction procède du fait de l'aliénateur. Or, dans l'espèce, il est bien certain que c'est à l'aliénateur que l'acquisition de la prescription est imputable. Dans le cas contraire, c'est-à-dire lorsqu'il y a encore plusieurs années à courir pour que la prescription soit accomplie, il est évident que c'est à l'acquéreur que l'acquisition de la prescription sera imputable, et que l'aliénateur ne devra aucune garantie. Ce sera donc une question de fait.

L'échangiste acquéreur qui est troublé soit par une action en revendication, soit par une action hypothécaire, peut faire valoir sa garantie de deux manières, par une demande *principale* ou par une demande *incidente*.

Il peut défendre seul à la revendication ou à l'action hypothécaire, sauf, s'il n'obtient pas gain de cause, à intenter une action principale en garantie contre son co-permutant. Mais, en suivant cette marche, il s'expose aux frais de deux procès, procès contre le tiers revendiquant et procès en garantie contre son co-échangiste. De plus, il pourrait arriver, s'il succombait dans sa défense contre le tiers revendiquant, que son co-permutant lui opposât que les juges ont commis une erreur dont il n'est pas responsable, ou que, s'il a perdu son procès, c'est parce qu'il n'a pas su se défendre ; que s'il a été évincé, c'est sa faute, que c'est donc lui qui en doit subir les conséquences, comme le décide l'art. 1640.

(1) Bordeaux, 4 février 1831.

Au contraire, l'échangiste acquéreur se met à l'abri de tout péril en employant un autre moyen qui est beaucoup plus simple. Il peut appeler immédiatement son co-permutant dans l'instance pour qu'il le défende contre les poursuites du demandeur ou qu'il l'indemnise, s'il n'y réussit pas; alors il a la faculté de demeurer partie au procès afin de recourir en indemnité contre son co-permutant, s'il venait à succomber, ou bien de demander sa mise hors de cause afin de se faire considérer comme étranger à une procédure qui roulera désormais entre le tiers revendiquant et son coéchangiste; sauf, bien entendu, à agir en dommages-intérêts contre ce dernier, si le tiers auteur du trouble obtenait gain de cause.

Les frais du procès et les erreurs du juge seront alors à la charge de l'aliénateur; si l'acquéreur succombe, le jugement qui l'évincera condamnera en même temps son coéchangiste à l'indemniser de tous les préjudices qui lui auront été causés par l'éviction, et, comme l'aliénateur aura été contraint par son co-permutant de venir prendre son fait et cause, il lui sera impossible de prétendre que 'la défense a été incomplète et présentée avec négligence.

Comme nous l'avons déjà vu, l'échangiste qui, après avoir reçu la chose qui lui avait été promise, prouve que son co-permutant n'en était pas propriétaire, peut se dispenser de livrer celle qu'il devait donner en contre échange, mais alors il sera forcé de rendre celle qu'il a reçue (art. 1704); il a même droit, en pareil cas, à des dommages-intérêts, parce que celui qui dispose d'une propriété qu'il sait ne pas lui appartenir commet un dol (1).

Lorsqu'il y a éviction totale et que cette éviction est consommée, l'échangiste évincé peut à son choix conclure à une indemnité ou répéter sa chose, car c'est un autre objet mobilier ou immobilier que le co-permutant a entendu recevoir et non pas une somme d'argent; il pourra, de plus, de-

____

(1) Toulouse, 8 frimaire an XIII. — Favard, échange. — Troplong, n. 23. — Duvergier. t. 2 n. 413.

mander des dommages-intérêts pour l'indemniser des pertes par lui supportées à cause de celte éviction. (Art. 1184 et 1705).

L'article 1705 ne dit pas si l'échangiste évincé peut répéter sa chose contre un tiers acquéreur. Dans notre ancien droit la question était controversée.

Deux arrêts du Parlement d'Aix décidèrent : que, la chose permutée étant évincée, le permutant avait droit de prendre la chose donnée par lui en contre-échange, quoiqu'elle fût entre les mains d'un tiers détenteur et que dans l'acte d'échange il n'y eût qu'une hypothèque générale, sans aucune affectation particulière ni autre clause (1). La règle établie par ces deux arrêts et d'autres semblables était la plus généralement suivie, surtout en Provence.

Cette doctrine a été admise dans notre droit actuel. L'échangiste qui a été évincé peut faire résilier le contrat et rentrer dans la propriété de l'immeuble qu'il avait donné en contre-échange, bien que cet immeuble soit passé entre les mains de tiers ou que ceux-ci aient acquis des hypothèques sur cet immeuble. En effet, le droit de résolution est un droit réel qui peut être opposé aussi bien aux tiers acquéreurs qu'à l'échangiste lui-même; ensuite l'échange est toujours fait sous condition résolutoire, de telle sorte que si l'un des co-permutants n'exécute pas, les choses se trouvent dans le même état que si le contrat ne s'était pas formé. L'échangiste aliénateur n'a pas cessé d'être propriétaire et son co-permutant ne l'est pas devenu, et, puisque l'aliénateur est toujours resté propriétaire, il est bien certain qu'il pourra toujours revendiquer contre les tiers acquéreurs.

L'art. 7 de la loi du 23 mars 1855 qui décide que l'action résolutoire, établie par l'art. 1654 du Code civil, ne pourrait plus être exercée après l'extinction du privilége du vendeur au préjudice des tiers qui auraient acquis des droits sur l'immeuble du chef de l'acquéreur, et qui se seraient conformés aux lois pour les conserver, n'est évidemment pas ap-

(1) 24 décembre 1511 et 12 mai 1581.

plicable à l'échange, car on ne saurait étendre les dispositions de cette loi à des cas qu'elle n'a pas prévus. Le législateur de 1855 a voulu faire cesser une fâcheuse différence qui existait sous l'empire des Codes civil et de procédure entre l'action en résolution et le privilége du vendeur, et soumettre l'exercice de l'un et de l'autre droit à la même condition de publicité. Cette loi suppose un privilége, or les co-permutants n'ont pas de privilége sur l'immeuble l'un de l'autre (1)

Néanmoins, cette faculté de répéter sa chose contre un tiers détenteur cesse d'exister au profit de l'échangiste, lorsque ce tiers détenteur est devenu propriétaire par l'effet de la prescription (2).

Lorsque l'éviction n'est que partielle, mais que la partie dont l'échangiste a été évincé est d'une telle importance qu'il est probable que, sans cette partie, le contrat ne se fût pas formé, on peut demander la résiliation de l'échange. (Art. 1636-1707.)

Si, au contraire, l'éviction est si minime qu'elle n'eût pas été de nature à empêcher l'échange de naître, les juges pourront accorder à l'échangiste acquéreur une indemnité qui sera fixée d'après la valeur, au moment de l'éviction, de la partie dont il a été évincé (3). (Art. 1636.)

Le privilége établi au profit du vendeur par l'art. 2103 pour le paiement du prix d'un immeuble vendu est-il applicable au cas d'échange? Il faut supposer que l'échangiste a été évincé de l'immeuble qu'il avait reçu en échange et qu'il a préféré des dommages-intérêts à la restitution de la chose.

Brodeau se prononce pour l'affirmative en se fondant sur un arrêt du Parlement de Paris, du 8 mars 1606; mais nous pensons qu'on ne doit pas admettre cette opinion, parce que les priviléges sont de droit étroit et ne peuvent pas être arbitrairement étendus au-delà des bornes que la loi leur a spécifiquement assignées.

(1) Nancy, 9 janvier 1862.
(2) Toulouse, 13 août 1827. — Grenoble, 26 février 1831.
(3) Cass. Rej., 30 juin 1841. Rej., 15 mars 1852.

Il a été jugé : 1° que l'immeuble donné à l'échangiste en contre-échange ne pouvait pas être assimilé à un prix de vente et que l'échangiste ne jouissait pas du privilége du vendeur pour la garantie de cet immeuble (1), et 2° que l'échangiste ne pouvait pas réclamer le privilége du vendeur sur le prix de l'immeuble qu'il a donné en échange pour le paiement des dommages-intérêts qui lui sont dus, quand il a été retardé dans sa jouissance, cette jouissance fût-elle garantie par privilége et hypothèque (2).

L'échangiste acquéreur qui se trouve obligé de souffrir l'exercice d'une servitude non apparente, sans que son co-permutant lui en ait déclaré l'existence, peut demander la résiliation du contrat ou une indemnité quand ces servitudes sont d'une telle importance que le contrat ne se fût pas formé si l'acquéreur en eût été instruit (art. 1638); car il y a diminution de jouissance, par conséquent, éviction partielle. Peu importe d'ailleurs que l'aliénateur l'ait connue ou l'ait ignorée. Néanmoins l'échangiste qui aliène n'est pas tenu de garantir l'acquéreur des servitudes qui n'ont pas été déclarées au contrat, mais que ce dernier connaissait ou dont il a pu se convaincre lui-même (3).

Si les charges sont sans importance, l'acquéreur aura simplement droit à une indemnité représentant la valeur de l'éviction.

Il en serait de même si l'acquéreur ayant échangé un immeuble avec des servitudes actives venait à être privé de l'exercice de ces servitudes.

Du reste, les parties peuvent dans ce cas, comme dans l'éviction totale ou partielle, étendre, diminuer ou supprimer la garantie par des conventions particulières.

§ II. — *De la garantie des vices rédhibitoires.*

L'échangiste aliénateur doit encore garantir son co-permutant à raison des défauts cachés dont la chose échangée

(1) Turin, 10 juillet 1813.
(2) Paris, 20 janvier 1834.
(3) Rej., 28 mars 1808.

peut se trouver affectée au moment du contrat et qui rendent cette chose impropre à l'usage auquel elle était destinée. (Art. 1641.)

L'acquéreur pourra demander la résolution du contrat lorsque ces défauts sont tellement considérables qu'ils l'eussent certainement empêché de former le contrat, s'il les eût connus. Dans le cas contraire, il n'aura droit qu'à une indemnité représentant le préjudice causé par le vice de la chose ; et encore faut-il que ces vices soient cachés, car s'ils eussent été apparents, si l'acquéreur avait pu les connaître en examinant la chose échangée avec soin, il n'aurait droit a aucune indemnité, à moins de stipulation contraire.

L'échangiste acquéreur a également droit à des dommages-intérêts lorsque son co-permutant connaissait les vices de la chose ou s'il avait employé des manœuvres pour rendre momentanément cachés des vices qui sont naturellement apparents.

Mais si le co-permutant qui aliène était de bonne foi, s'il ignorait les vices, il ne doit pas de dommages-intérêts, parce qu'un propriétaire peut très bien ignorer le vice dont sa chose est atteinte, sans qu'on puisse pour cela lui reprocher aucune faute grave.

La garantie n'est pas due non plus pour les défauts même cachés qui ne feraient que diminuer l'agrément de la chose échangée (1).

L'action rédhibitoire et l'action en indemnité doivent être intentées toutes deux dans un court délai (2), qui sera apprécié par les tribunaux d'après la nature du vice dont on se plaint et l'usage des lieux (3).

Les lois romaines donnaient six mois pour l'action *rédhibitoire* et un an pour l'action *estimatoire*.

Lorsque la chose échangée vient à périr entre les mains de l'échangiste acquéreur avant qu'il ait intenté l'action en

(1) Caen, 22 nov. 1826.
(2) Bordeaux, 19 nov. 1850.
(3) Req. 16 nov. 1853.

garantie et pendant, bien entendu, qu'il est encore dans le délai pour intenter cette action, si la chose a péri par l'effet des vices dont elle est affectée, l'échangiste aliénateur est responsable de cette perte; si la chose vient à périr par cas fortuit, la perte est supportée par l'acquéreur, alors même que son co-échangiste eût connu le vice.

La loi du 20 mai 1838 énumère les défauts cachés qui peuvent donner lieu à l'action rédhibitoire dans les ventes et les échanges de chevaux, d'ânes, de mulets et des animaux des races bovine et ovine. (Art. 1er.)

Cette loi décide que la seule action ouverte à l'acquéreur qui viendrait à découvrir dans l'animal échangé un des vices énumérés dans l'art. 1er est l'action en résolution. (Art. 2.)

Dans le cas de fluxion périodique des yeux ou d'épilepsie, le délai pour intenter cette action est de trente jours; dans tous les autres cas, il est de neuf jours, à partir du jour fixé pour la livraison. Ce délai peut être augmenté d'un jour par chaque cinq myriamètres qui séparent le domicile du vendeur du lieu où se trouve l'animal au moment où l'action est intentée. (Art. 3 et 4.)

Pothier dit que la durée de l'action pour les vices des chevaux et des vaches était, à Orléans, de quarante jours.

Il en était de même en Normandie, d'après Basnage.

Brodeau prétend, qu'à Paris, cette action ne durait que neuf jours; Coquille que, suivant la Coutume de Bourbonnais, elle ne durait que huit jours et que c'était le droit commun.

La demande, en pareil cas, est dispensée des préliminaires de conciliation, et l'affaire est instruite et jugée comme matière sommaire. (Art. 6.)

L'aliénateur n'est pas responsable de la perte de l'animal, même pendant les délais fixés pour intenter l'action en résolution, à moins que l'acquéreur ne prouve que la perte provient de l'une des maladies énumérées dans l'art. 1er. (Art. 7.)

Enfin, l'art. 8 nous dit que l'aliénateur ne sera pas responsable de la morve et du farcin, pour le cheval, l'âne et le mulet, et de la clavelée, pour l'espèce ovine, s'il prouve que, depuis la livraison, l'animal échangé a été mis en contact avec des animaux atteints de ces maladies.

CHAPITRE IV.

DE LA SUBROGATION RÉELLE DANS L'ÉCHANGE.

Il existait, dans notre ancienne jurisprudence, une fiction de droit par laquelle la chose reçue en échange prenait la qualité, le lieu et place de la chose aliénée; c'était l'un des effets les plus spéciaux au contrat d'échange, ce qu'on appelait *la subrogation réelle* ou *subrogation de choses*, dont nous trouvons un exemple dans l'art. 143 de la Coutume de Paris : « Si aucun a échangé son propre héritage à l'encontre d'un autre héritage, l'héritage est *propre* de celui qui l'a eu par échange. »

Cette subrogation n'était pas admise par toutes nos coutumes : quelques-unes se prononçaient expressément contre elle, et d'autres n'en parlaient pas; mais Renusson nous dit qu'on avait trouvé cette disposition de la Coutume de Paris si conforme à la raison et à l'équité, qu'elle était bientôt devenue « un droit commun et une usance générale autori- » sée par les arrêts dans les Coutumes qui n'en parlent » point et qui n'ont point de disposition contraire (1). »

Toutefois, la chose reçue en échange ne pouvait acquérir, par l'effet de la subrogation, que les qualités *extrinsèques* de la chose donnée en contre-échange, par exemple, la qualité de propre de communauté. La Coutume du Maine (art. 290), par exception, admettait que la subrogation pouvait faire passer d'un héritage à l'autre les qualités *intrin-sèques*, ces qualités qu'une chose conserve toujours, en quelques mains qu'elle passe, comme celles de meuble ou d'immeuble, d'héritage féodal ou d'héritage censuel.

Il fallait, ensuite, que la chose fût, par sa nature, capable des qualités de celle qui était donnée en échange pour qu'elle lui fût subrogée. Ainsi, un meuble échangé contre

(1) Traité de la Subrogation, chap. Ier.

un héritage qui était *propre de succession*, ne pouvait pas acquérir cette qualité par la subrogation, parce que, dans notre ancien droit, les immeubles seuls étaient susceptibles de devenir propres de succession.

De plus, la chose reçue en échange ne pouvait recevoir, par l'effet de la subrogation, que les qualités de la chose donnée et telles que cette chose les avait. Un héritage subrogé à une rente constituée qui était *propre paternel* devenait bien *propre paternel*, mais non pas *propre de retrait*, bien qu'il en fût parfaitement susceptible par sa nature, parce que la rente constituée n'avait pas cette qualité.

Nous retrouvons cette subrogation réelle dans notre droit actuel. Si le fonds dotal est valablement échangé, l'immeuble acquis en échange lui est *subrogé* et devient *dotal* ; mais l'art. 1559 subordonne la validité de cet échange à l'accomplissement de certaines formalités.

La loi suppose que l'échange est demandé par le mari et elle exige le consentement de la femme et l'autorisation de justice ; elle veut, en outre, qu'une estimation d'experts nommés d'office par le tribunal, en constatant que l'immeuble dotal est échangé contre un autre immeuble de même valeur pour les quatre cinquièmes au moins, établisse l'utilité de cet échange.

Ce même article dit également que l'excédant du prix de l'immeuble, s'il y en a, que la soulte fournie à la femme deviendra *dotale*.

Si l'immeuble dotal était d'une valeur inférieure à celle de l'immeuble reçu en contre échange, il est évident que l'échange serait valable, bien que cette hypothèse ne soit pas prévue par l'art. 1559, parce que, loin de compromettre la dot de la femme, un pareil contrat en assurerait, au contraire, la conservation intégrale.

Mais alors, l'immeuble reçu en contre échange ne devient dotal et n'est subrogé à l'immeuble dotal aliéné que jusqu'à concurrence de la valeur qu'avait ce dernier au moment où s'est formé le contrat, car la dot ne peut être augmentée pendant le mariage (Art. 1543.) Il serait autrement bien facile à la femme d'enlever, par ce moyen, ses biens paraphernaux à ses créanciers personnels et le mari, si la soulte avait été payée avec ses deniers, pourrait créer un avantage à sa femme au détriment de ses propres créanciers (1).

De même, si pendant la communauté, un immeuble appartenant en propre à l'un ou à l'autre des deux époux, est échangé, l'immeuble acquis en contre échange devient propre de cet époux aux lieu et place de celui qui a été aliéné « sauf la récompense, s'il y a soulte. » (Art. 1407).

Mais, l'immeuble acquis en contre échange sera-t-il propre quelle que soit l'importance relative de la soulte payée par l'époux échangiste? Diverses opinions se sont produites sur ce point.

Certains auteurs enseignent que cet immeuble devient *propre* pour le tout, sauf récompense pour la soulte, sans qu'il soit besoin de distinguer si cette soulte est plus ou moins considérable, à moins qu'il n'y ait une fraude à reprocher à l'époux échangiste, auquel cas on devrait considérer cette opération comme une véritable vente et repousser l'application de l'art. 1407 (2).

Pothier pensait que l'immeuble devenait *propre* de l'époux, sauf récompense, bien entendu, lorsque la soulte payée par celui-ci était inférieure à la valeur de l'héritage qu'il avait donné en échange; mais ce même jurisconsulte décidait également que le contrat devait être considéré comme mixte, comme mêlé de vente et d'échange, lorsque la soulte était supérieure ou même à peu près égale à la valeur de l'immeuble aliéné par l'époux et que, par conséquent, l'héritage reçu devenait *conquêt* au *prorata* de la somme donnée pour l'acquérir et *propre* pour le surplus (3).

Enfin, d'après une autre opinion, l'immeuble est *commun* pour la totalité, sauf récompense à l'époux d'une somme

(1) Troplong. n. 3508. — Rodière et Pont. t. 2. n. 532.

(2) Toullier. t. 12. n. 140. Olandaz. Encycl. Vo. Conv. conj. n. 113.

(3) Traité de la communauté. t. 1. n. 101, — D'Argentré sur l'art. 118 de la cout. de Bretagne. gl. 2. n. 3. — Lebrun. Duplessis.

égale à la valeur de la chose par lui donnée en contre échange, lorsque la soulte est supérieure ou même égale à la valeur de l'objet reçu (1).

Ce dernier système qui nécessitera des expertises et qui, par conséquent, amènera quelquefois des difficultés dans son application, nous paraît cependant devoir être adopté de préférence aux deux autres, parce que, d'une part, il est plus conforme à l'équité et aux intentions des rédacteurs du Code et que, d'un autre côté, l'unité du contrat est toujours préférable quand elle n'entraîne pas d'inconvénients trop sérieux.

Toutefois l'article 1407 n'est pas absolu. La femme peut renoncer par une convention formelle à la faculté que lui donne cet article (2).

La subrogation réelle aura lieu pareillement lorsque les époux seront mariés *sans communauté*, si c'est le mari qui échange un de ses propres; si c'est la femme qui a contracté un échange avec l'autorisation de son mari, la subrogation se produira également, car le mari qui a, sous ce régime, un droit d'usufruit sur les biens de sa femme, est censé, par le seul fait de son autorisation, avoir consenti à remplacer le droit d'usufruit qu'il avait sur le propre aliéné par l'usufruit sur le propre reçu par la femme en contre échange.

Mais, nous pensons que l'immeuble acquis ne serait pas subrogé au propre aliéné si la femme avait été seulement autorisée par justice, sur le refus de son mari, parce qu'alors le mari est censé avoir voulu conserver ses droits sur le bien personnel de la femme.

Quant aux hypothèques et autres charges de même nature, telles que droit de retour conventionnel, substitution, clause résolutoire, etc.., qui grèvent un héritage, ce sont des qualités intimes de la chose qui ne peuvent passer, par la subrogation, sur l'héritage donné en contre-échange; elles suivent l'héritage qui en est grevé et subsistent entre les mains du tiers acquéreur (3).

(1) Bellot et Delvincourt. — (2) Rej., 31 avril 1832.
(3) Pothier, n. 620. 3. Vente. Troplong. Échange, n. 13.

CHAPITRE V.

DE L'ÉCHANGE AVEC SOULTE.

Quelquefois, les deux choses échangées ne représentant pas la même valeur, l'échange ne se fait pas *but à but;* on stipule qu'une soulte en argent sera payée par celui des co-permutants qui reçoit la chose dont la valeur est supérieure.

Quelle sera alors la qualification du contrat? Y aura-t-il vente, échange ou bien échange et vente tout ensemble? La question est très-controversée.

Selon certains auteurs, l'échange avec soulte est un échange pour le tout, quelque importante que puisse être la soulte, à moins qu'il ne soit établi que les parties n'ont donné ce nom au contrat que par fraude.

Ce système, qui serait d'une application facile, nous le reconnaissons, ne peut cependant pas être adopté. En effet, si l'on admettait cette opinion, il faudrait nécessairement refuser la rescision pour cause de lésion, puisque « la rescision pour cause de lésion n'a pas lieu dans le contrat d'échange. » (Art. 1706.) Or, les motifs qui ont fait repousser la rescision pour lésion dans les échanges but à but n'existent pas dans les échanges avec soulte. L'échangiste créancier de la soulte peut parfaitement s'être trouvé dans un tel état de détresse qu'il ait été obligé d'aliéner son immeuble à vil prix pour se procurer de l'argent, et si le législateur a trouvé qu'il serait inhumain de laisser l'acheteur spéculer sur la misère du vendeur pour le dépouiller, pourquoi refuserait-il le même secours à l'échangiste qui se trouverait dans une situation identique? Est-il d'ailleurs possible de prétendre qu'il y a échange et non pas vente quand je vous livre un immeuble valant 50,000 fr. pour un autre immeuble qui ne vaut que 10,000 fr. et une soulte en argent de 40,000 fr.?

D'après une autre opinion qui est adoptée en droit fiscal,

l'échange avec soulte est à la fois une vente jusqu'à concurrence de la soulte et un échange pour le surplus.

Ce système n'est pas plus admissible que le précédent. Est-il possible, en effet, de diviser en deux contrats différents une convention qui est unique en réalité? Comment d'ailleurs rescinder pour lésion une partie du contrat, alors que cette rescision ne pourra pas avoir lieu pour le reste?

Quelques auteurs enfin pensent qu'on doit rechercher la pensée des co-permutants et qu'il y aura vente, échange ou bien vente et échange tout ensemble, selon ce que les contractants auront eu l'intention de faire.

Nous ne croyons pas qu'on puisse accorder un pouvoir aussi considérable à la volonté des parties, et il nous semble qu'on ne doit consulter leur intention et les circonstances dans lesquelles le contrat s'est formé que lorsque la soulte et la valeur de l'objet auquel elle s'ajoute sont tellement égaux qu'il ne reste aucun autre moyen de décider lequel des deux contrats doit prévaloir.

L'échange ne sera donc qu'un accessoire, et le contrat qui devra être qualifié vente sera rescindable pour cause de lésion quand la soulte se trouvera supérieure à la valeur de l'immeuble qui marchera avec elle (1). Une telle convention présente, en effet, tous les caractères de la vente. Il est bien certain que les parties ont eu l'intention d'acquérir, l'une un immeuble en échange d'une somme d'argent qu'elle a promise, l'autre cette somme d'argent en échange de l'immeuble qu'elle doit livrer.

A Orléans et dans presque toutes nos Coutumes, le retrait n'était admis dans l'échange que lorsque le montant de la soulte était supérieur à la valeur de l'héritage auquel elle s'adjoignait, et, en pareil cas, il était admis pour le total : la nature du contrat se réglait sur l'élément qui prédominait, parce que ce système était plus logique et plus simple dans son application.

(1) Colmar, 25 mars 1825,

Cependant, quelques Coutumes, celles de Paris notamment, n'admettaient le retrait qu'au prorata de la soulte en se fondant sur la maxime : *Nemo invitus rem suam vendere cogitur.*

La doctrine de la Coutume d'Orléans a été adoptée par Pothier, Brunemann et la majorité des interprètes du Code.

Lorsque le montant de la soulte est inférieur à la valeur de l'immeuble auquel elle se joint, c'est la soulte qui est l'accessoire et le contrat qu'on doit qualifier échange ne peut pas être rescindé pour cause de lésion.

Nous avons déjà vu que le privilége accordé au vendeur pour le paiement du prix de l'immeuble vendu ne pouvait pas être réclamé par l'échangiste pour la garantie de l'immeuble reçu en contre échange ; mais que faudra-t-il décider au cas d'echange avec soulte ?

Quelques auteurs ne considèrent jamais la soulte, si importante qu'elle soit, que comme un accessoire de l'échange et refusent toujours au créancier de la soulte le privilége qui compète au vendeur.

D'après un autre système, la soulte, qu'elle soit considérable ou qu'elle soit minime, est toujours un véritable prix de vente et, par conséquent, emporte privilége.

Nous pensons que ces deux doctrines opposées sont inexactes l'une et l'autre, parce qu'elles sont trop absolues et qu'on doit résoudre la question, selon les cas, tantôt dans un sens, tantôt dans l'autre. Lorsque le montant de la soulte est supérieur ou même égal à la valeur de l'objet auquel elle s'ajoute, la convention n'est qu'une vente et la soulte un véritable prix de vente qui, par cela même, se trouve garanti par un privilége. Au contraire, il n'y a point de privilége si la soulte est inférieure à la valeur de l'immeuble qu'elle accompagne, parce qu'alors elle ne change pas la nature du contrat.

Cependant, l'échangiste qui a aliéné la chose qu'il a reçue en échange avant d'avoir obtenu le paiement de la soulte qui lui était due, renonce par ce seul fait à demander la résolution du contrat pour défaut de paiement de la soulte et ne conserve que son privilége (1).

De même, le co-permutant créancier de la soulte qui a perdu son privilége sur l'immeuble reçu en échange, perd en même temps le droit de demander la résolution du contrat, en vertu de l'art. 7 de la loi du 23 mars 1855.

(1) Bordeaux, 7 mars 1846.

CHAPITRE VI.

DE L'ÉCHANGE DES CHOSES INCORPORELLES.

Tout droit peut être l'objet d'un échange pourvu qu'il ne soit pas hors du commerce ou que l'aliénation n'en ait pas été prohibée par quelque loi spéciale. Ainsi on peut échanger, comme nous l'avons déjà vu, non-seulement un droit de servitude ou d'usufruit, mais même certains droits purement personnels, tels que des droits de créances.

Les échanges des choses incorporelles sont, en général, soumis aux mêmes principes que ceux des choses corporelles, mais le législateur a établi, en outre, quelques règles spéciales aux ventes de créances, d'hérédité et de droits litigieux qui sont parfaitement applicables aux échanges des mêmes droits.

§ I. — *Echanges de créances.*

Nous avons déjà dit que, dans les échanges des créances, le transfert de la propriété s'effectue, comme dans tout autre échange, par le seul consentement, entre le cédant et le cessionnaire ; et que, vis-à-vis des tiers, le cessionnaire n'est saisi que par la signification qu'il fait de son transport au débiteur cédé ou par l'acceptation que celui-ci fait du transport par acte authentique. (Art. 1690).

Mais quelles sont les personnes qu'on doit regarder comme des tiers dans le sens de l'art. 1690?

Ce sont toutes celles qui n'ont pas été partie au contrat et qui ont intérêt à ce que le cédant soit encore créancier, pour conserver les droits qu'elles ont acquis depuis que la cession a été faite ; ce sont, par conséquent, le débiteur cédé qui aurait fait des paiemenfs à son créancier ; les personnes qui auraient acquis la créance ou auxquelles elle aurait été donnée en gage depuis qu'elle a été échangée, mais avant la publicité de l'échange; enfin, les créanciers du cédant qui auraient frappé de saisie-arrêt la créance échangée.

Du principe que la propriété de la créance n'est transmise à l'échangiste acquéreur, vis-à-vis des tiers, que par la signification faite au débiteur cédé de l'acte de cession ou par l'acceptation du transport par ce débiteur, découlent des conséquences importantes.

Ainsi, lorsque deux ou plusieurs échangistes auront successivement acquis la même créance, celui-là sera propriétaire qui aura fait signifier ou accepter le premier, et si plusieurs échanges de la même créance avaient été signifiés ou acceptés le même jour, sans que les actes indiquassent d'une manière précise l'heure de la signification ou de l'acceptation, les différents échangistes acquéreurs seraient propriétaires chacun pour sa part.

Le cédant pourra exiger de son débiteur le paiement de la créance, sans que celui-ci puisse lui opposer l'échange non signifié ni accepté; de même que le débiteur serait valablement libéré par le paiement qu'il aurait fait entre les mains du cédant avant la signification ou l'acceptation, ou par toute autre cause d'extinction de sa dette acquise en sa faveur contre le cédant avant l'accomplissement de l'une ou de l'autre de ces formalités. (Art. 1691.)

Le cédant pourra seul, jusqu'à l'accomplissement de ces formalités, exercer les actions et poursuites relatives à la créance. Quant au cessionnaire, il aura seulement le droit de faire des actes purement conservatoires en même temps que le cédant.

Enfin, avant l'accomplissement de l'une ou de l'autre des formalités indiquées par l'art. 1690, les créanciers du cédant pourront frapper utilement de saisie-arrêt la créance échangée. Cependant, la signification ou acceptation que le cessionnaire fait faire après la saisie-arrêt et avant la distribution des deniers donne à ce cessionnaire le droit de concourir au marc le franc avec le saisissant (1).

(1) Toullier, VII, 285. — Duranton, XVI, 500. — Troplong, II, 926. — Duvergier, II, 201. — Marcadé, VI, sur l'art. 1691, II.

Quant aux nouvelles saisies, postérieures à la signification ou à l'acceptation, elles sont nulles vis-à-vis du cessionnaire; elles ne donnent aucun droit aux nouveaux saisissants sur la portion de la créance qui revient au cessionnaire dans le partage à faire entre le premier saisissant et lui. En effet, la saisie-arrêt n'empêche une créance d'être cédée que jusqu'à concurrence de la créance du saisissant; si donc il reste un excédant, la signification ou l'acceptation faite après la première saisie transportera la propriété de cet excédant au cessionnaire, aussi bien vis-à-vis des nouveaux saisissants qu'à l'encontre du cédant lui-même (1).

Pour faire la répartition de la créance, il faudra examiner si le cessionnaire a intérêt à être traité comme simple créancier saisissant ou comme cessionnaire, car la signification ou acceptation valant opposition à l'égard du premier saisissant, le cessionnaire n'est vis-à-vis de ce dernier qu'un simple créancier saisissant, tandis qu'à l'égard des opposants postérieurs, il peut invoquer, à son choix, la qualité de créancier et venir partager la créance au marc le franc, ou bien celle de cessionnaire, et garder pour lui toute la portion de la créance qui est restée disponible après la première saisie.

Lors donc qu'il aura intérêt à être considéré comme créancier, le partage se fera au marc le franc entre le premier saisissant, les opposants postérieurs et lui. Dans le cas contraire, on accordera au cessionnaire toute la portion de la créance restée disponible après la première saisie, et on partagera la portion arrêtée par le premier saisissant entre celui-ci et les opposants postérieurs, mais en attribuant au premier tout ce qu'il eût reçu, si le cessionnaire n'avait été

(1) Troplong, II, 907. — Delvincourt, III, p. 169. — Duvergier, II, 201. — Duranton,. XVI, 501. — La jurisprudence qui avait d'abord décidé que la signification ou l'acceptation du transport, faite après une saisie-arrêt, ne devait valoir que comme saisie, même à l'égard des saisissants postérieurs, admet aujourd'hui la doctrine que nous venons d'exposer. — Pau, 12 avril 1832. — Bourges, 3 février 1836. — Paris, 9 février 1837, 18 mars 1839 et 26 juillet 1843. — Nîmes, 10 janvier 1854.

qu'un simple créancier saisissant, et le surplus seulement aux opposants postérieurs.

L'échange d'une créance comprend naturellement tous les accessoires de cette créance, tels que cautionnement, hypothèque et privilége. (Art. 1692.)

Toutefois, il faut remarquer que le cessionnaire n'est pas complètement mis à la place du cédant. Ainsi, par exemple, si la créance cédée était due à un mineur, il est bien certain que la prescription qui était suspendue au profit du cédant, recommencera immédiatement à courir au détriment de l'échangiste cessionnaire, si celui-ci est majeur.

L'échange de créance donne lieu à la garantie que les parties peuvent augmenter, restreindre ou supprimer, comme dans tous les autres échanges.

Le cédant n'est garant de plein droit que de l'existence de la créance; il ne répond point de la solvabilité du débiteur cédé, mais il peut s'y obliger par une clause particulière : la loi qui voit de mauvais œil les acquéreurs de créances ne pouvait pas leur être favorable.

La clause de garantie de la solvabilité du débiteur ne s'entend que de la solvabilité actuelle et non pas de la solvabilité future, à moins de clause contraire. (Art. 1695.) Si donc la créance se trouvait éteinte au moment de la cession, le cédant devrait simplement indemniser le cessionnaire de la perte par lui éprouvée. Du reste, le cédant qui garantit la solvabité soit actuelle, soit future du débiteur cédé, ne s'oblige que jusqu'à concurrence de la valeur de la créance ou de la chose reçue en contre-échange, sans, qu'en aucun cas, on puisse lui demander des dommages-intérêts.

Le cessionnaire qui laisse périr la créance ou les sûretés qui y sont attachées perd son droit à la garantie de solvabilité du débiteur (1).

(1) Troplong. II. 041. — Duvergier. II. 275. — Aubry et Rau sur Zachariæ. § 359. bis.

§ II. — *Des échanges d'hérédité.*

Dans l'échange de droits successifs, le cédant garantit que la succession cédée est ouverte au moment où le contrat se forme ; qu'il y est appelé pour le tout ou pour la quotité qu'il a déclarée ; qu'il n'est ni renonçant, ni indigne, ni écarté pour tout ou partie par un legs universel, enfin qu'il s'abstiendra de tout acte de nature à restreindre le droit qu'il donne en échange. Il devra donc restituer la chose reçue en contre-échange, si le cessionnaire est évincé, rembourser la partie des frais qui aura été payée par son co-permutant et même donner des dommages-intérêts, s'il y a lieu.

Toutefois, la garantie ne serait pas due si l'échangiste aliénateur n'avait aliéné qu'un droit incertain, une simple prétention à une hérédité, ouverte d'ailleurs, ou bien si le cessionnaire avait stipulé la non-garantie et s'il avait connu l'incertitude du droit de son co-permutant à l'hérédité.

Le cédant doit transmettre tous les objets qui composent la succession dans l'état où ils se trouvent au moment de l'échange ; il n'a le droit de conserver que les choses qui n'ont de valeur que pour lui seul, comme les papiers de famille, etc.

Si le cédant n'était pas seul héritier quand il a donné ses droits successifs en échange, le droit d'accroissement profitera, d'après nous, à l'échangiste acquéreur pour la part d'un co-héritier qui aurait déjà renoncé au moment de l'échange, si l'échangiste aliénateur connaissait la renonciation de son co-héritier. Dans le cas contraire, nous pensons qu'il faudrait rechercher l'intention des parties, mais que le bénéfice du droit d'accroissement appartiendrait, en général, à l'échangiste aliénateur.

Quant au cessionnaire, pourvu qu'il ait observé l'art. 1690 il a directement action contre les débiteurs de l'hérédité, de même que les créanciers ou légataires peuvent agir contre lui pour exercer les droits et actions de leur débiteur (Art. 1166); il doit supporter toutes les dettes et indemniser son co-permutant des frais funéraires et autres charges que celui-ci a payées ou qu'il pourrait être obligé de payer en sa qualité d'héritier, mais nous croyons qu'il ne sera jamais tenu de rembourser au cédant les sommes que celui-ci aurait payées par erreur (1).

Il est bien certain, cependant, que le cédant doit des dommages-intérêts à son co-permutant pour les actes frauduleux de son administration antérieure.

Le retrait successoral est applicable aussi bien à l'échange qu'à la vente de droits successifs, bien qu'il soit fort difficile à exercer dans le contrat dont nous nous occupons.

§ III. — *Des échanges de droits litigieux.*

« On appelle *créances litigieuses*, d'après Pothier, celles » qui sont contestées ou peuvent l'être en total ou en par- » tie par celui qu'on en prétend débiteur, soit que le procès » soit déjà commencé, soit qu'il ne le soit pas encore, mais » qu'il y ait lieu de l'appréhender. »

Cette définition n'est admissible que dans le cas de l'art. 1597. D'après nous, un droit ne devient litigieux que lorsqu'il forme l'objet d'un procès qui met en question l'existence même de ce droit. S'il n'était interprété dans ce sens, l'article 1700 serait parfaitement inutile, car il est bien évident, sans qu'il soit besoin de le dire, qu'une chose doit être considérée comme litigieuse dès qu'elle devient la matière d'un procès.

Cette opinion a, du reste, été sanctionnée par un arrêt de la cour de cassation, ainsi conçu (2) :

« Vu l'article 1700 du Code civil : Attendu, qu'en [trans- » portant dans notre Code (Art. 1699), la disposition des

---

(1) Dans le même sens ; Pothier, n. 345. — Delvincourt. t. III. — Aubry et Rau sur Zachariæ III. § 359. ter. — Duvergier, II. 347.

(2) Cass., 5 juillet 1810.

» lois romaines qui admettaient celui contre lequel on avait
» cédé un droit litigieux à s'en faire tenir quitte par le ces-
» sionnaire, en lui remboursant le prix réel de la cession,
» avec les frais et loyaux coûts et les intérêts, le législateur
» a voulu qu'il ne pût rester aucune incertitude sur ce que
» la loi entend par droit litigieux et que tel a été l'objet di-
» rect de l'art. 1700 du Code civil ci-dessus cité ; que cette
» disposition tend évidemment à faire cesser la diversité
» d'interprétation qu'offrait notre ancienne jurisprudence
» sur les circonstances qui constituaient proprement un
» droit litigieux ; que dès lors il faut regarder cette disposi-
» tion de l'art. 1700 comme caractéristique du litige, et par
» suite limitative ; que c'est dans ce sens que l'article a
» toujours été entendu et constamment interprété depuis la
» promulgation du Code, etc., etc. (1). »

Mais si nous admettons que l'on doit entendre l'art. 1700
dans ce sens restrictif, nous n'en concluons pas, comme la
Cour de Rouen (27 juillet 1808), que l'art. 1597 s'applique
seulement aux choses sur lesquelles il y a déjà procès ; nous
pensons, au contraire, que l'échange d'une créance consenti
au profit de l'une des personnes énumérées dans l'art. 1597
doit être annulé lorsque cette créance *est ou peut être* l'objet
d'un procès, parce que la prohibition contenue dans cet article a été établie par la loi en vûe d'une bonne administration
de la justice et à cause de la dignité de la magistrature, parce
que l'échangiste contre lequel le droit a été cédé aurait tout
aussi bien à craindre l'influence du fonctionnaire cessionnaire avant que le procès ne fût intenté, parce que, enfin,
Portalis a dit, dans l'exposé des motifs de la loi sur la vente :
« Les ordonnances ont toujours prohibé aux juges et à tous
» ceux qui exercent quelque fonction de justice ou quelque
» ministère près le tribunal, de se rendre cessionnaires
» d'actions et des droits litigieux qui *sont ou peuvent être*
» portés devant les tribunaux dans le ressort duquel ils
» exercent leurs fonctions, à peine de nullité, dépens et

(1) Dans le même sens : Bourges, 18 juillet 1830.

» dommages-intérêts. Cette prohibition est la sauvegarde
» des justiciables. »

Cette nullité, qui est fondée sur des motifs d'ordre public,
peut être invoquée soit par le débiteur cédé, soit par le
cédant, soit par le cessionnaire et même proposée d'office
par le ministère public (1).

L'échange de droits litigieux est un contrat aléatoire qui
n'oblige le cédant à aucune garantie, mais qui est soumis
aux règles générales qui régissent les autres cessions.

Enfin. l'art. 1699 porte que « celui contre lequel on a cédé
un droit litigieux peut s'en faire tenir quitte par le cessionnaire en lui remboursant le prix réel de la cession à lui
faite. » Cet article, qui a été fait en haine des acheteurs de
procès, est parfaitement applicable à l'échange, en vertu de
l'art. 1707 (2).

Cependant le droit qu'a le cédé d'écarter le cessionnaire
cesse d'exister dans les trois cas suivants, c'est-à-dire toutes
les fois que le cédant a eu un intérêt légitime à faire la cession :

1° Lorsque la cession a été faite par un co-héritier à son
co-héritier;

2° Lorsqu'elle a été faite à un créancier en paiement de
ce qui lui est dû ;

3° Lorsqu'elle a été faite au possesseur de l'héritage sujet
au droit litigieux.

(1) Troplong, n. 196. Duvergier.
(2) Cass., 19 octobre 1813.

CHAPITRE VII.

COMPARAISON DE LA VENTE ET DE L'ÉCHANGE.

Ces deux contrats, qui avaient de nombreux points de contact en droit romain, sont si étroitement unis en droit français que, lorsque la loi n'établit pas d'exception, toutes les règles qui sont prescrites pour le contrat de vente sont applicables à l'échange. (Art. 1707.)

D'abord, l'échange est, comme la vente, un contrat consensuel, synallagmatique et intéressé de part et d'autre; ensuite, notre Code a consacré à l'égard de la vente des principes plus larges et plus conformes à l'équité que ceux qui étaient admis par notre ancienne jurisprudence; il a repoussé les doctrines arbitraires du droit romain, et aujourd'hui le vendeur aussi bien que l'échangiste aliénateur est obligé de transférer la propriété; et il suit de là que, dans notre droit, on ne peut pas plus vendre qu'échanger la chose d'autrui, car la vente de la chose d'autrui était permise à Rome, parce qu'il suffisait que le vendeur fît avoir la chose à l'acheteur pour que son obligation fût remplie.

La clause résolutoire est sous-entendue dans l'échange comme dans la vente pour le cas d'inexécution des conventions stipulées (art. 1184), et on peut aussi bien faire une promesse de vente qu'une promesse d'échange.

Les obligations qui naissent de la bonne foi, qui proviennent de clauses sur la contenance, le lieu et le temps de la tradition, sur les qualités ou les risques de la chose sont communes aux deux contrats. Néanmoins, les règles tracées pour la vente, en ce qui concerne la contenance, ne sont pas applicables au contrat d'échange, comme nous l'avons déjà remarqué, lorsqu'il est évident que les parties ont eu l'intention de contracter *non ad mensuram, sed ad corpus.*

Le pacte de rachat peut aussi bien être inséré dans l'échange que dans la vente, de même que dans l'un comme dans l'autre contrat, la faculté de rachat ne peut être stipulée, aux termes de l'art. 1660, pour un terme plus long que cinq années.

L'obligation de garantie est la même dans les deux contrats : l'acheteur évincé a droit à la restitution de son prix avec dommages-intérêts; et, dans l'échange, le contractant qui subit une éviction peut, à son choix, conclure à des dommages-intérêts représentant la valeur de la chose dont il a été privé, ou bien reprendre l'objet qu'il avait livré à son co-permutant; de plus, il a droit à des dommages-intérêts, dans les deux cas, lorsque cette éviction lui a causé un préjudice.

Le retrait successoral s'exerce dans l'échange et dans la vente de droits successifs.

Les différences qui séparent ces deux contrats sont peu nombreuses.

On ne peut faire rescinder un échange d'immeuble pour lésion énorme que lorsqu'il ne s'est point fait but à but et qu'il a été stipulé une soulte supérieure à la valeur de l'objet auquel elle vient s'ajouter, tandis que la rescision est admise, pendant deux ans, au profit du vendeur d'immeuble lésé d'outre-moitié, c'est-à-dire quand le prix de la vente n'atteint pas les cinq douzièmes de la valeur de l'immeuble vendu.

Dans la vente, il n'y a qu'une chose vendue et qu'un seul prix qui doit toujours consister en argent monnayé, ou, suivant nous, en choses qu'il est d'usage et qu'il a été dans l'intention des parties d'assimiler à une somme d'argent. Chacun des contractants porte un nom différent : l'un s'appelle vendeur et l'autre acheteur, et leurs obligations sont parfaitement distinctes ; l'obligation de garantie, par exemple, n'incombe qu'au vendeur.

Dans l'échange, au contraire, nous trouvons deux choses en nature qui sont à la fois et la chose et le prix, deux contractants qui jouent en même temps les rôles de vendeur et d'acheteur, qui, à cause de cela, reçoivent la même qualification : co-échangistes ou co-permutants et dont les obligations sont réciproques.

Les clauses obscures dans le contrat d'échange sont interprétées, comme dans les autres contrats, contre celui qui a stipulé et en faveur de celui qui a contracté l'obligation (Art. 1162). Le vendeur, au contraire, est tenu d'expliquer clairement ce à quoi il s'oblige et s'il y a des pactes obscurs ou ambigus, c'est contre lui qu'ils s'interprètent (Art. 1602).

La subrogation ne se produit pas dans la vente, tandis qu'elle a lieu de plein droit dans le contrat d'échange.

L'immeuble donné au co-permutant en contre-échange ne peut pas être assimilé à un prix de vente; le privilége établi par l'art 2103 au profit du vendeur pour le payement de l'immeuble vendu ne peut s'appliquer en cas d'échange que lorsqu'il a été stipulé une soulte importante, supérieure ou au moins égale à la valeur de l'immeuble qu'elle accompagne.

Enfin, dans la vente, l'acheteur supporte les frais d'enlèvement et le vendeur ceux de délivrance, tandis que dans l'échange, chacun des co-permutants paie la moitié des frais.

CHAPITRE VIII.

DU DROIT FISCAL EN MATIÈRE D'ÉCHANGE.

Lorsque les premières lois féodales étaient dans toute leur vigueur, les fiefs se concédaient seulement à vie, et le vassal se trouvait dans une si grande dépendance de son seigneur, qu'il ne pouvait pas, sans sa permission, faire la moindre aliénation dans son fief et encore moins le vendre ou l'échanger tout entier.

Plus tard, les fiefs devenus héréditaires, l'usage s'introduisit d'abord et il fut ensuite établi par les Coutumes que le vassal pourrait vendre son fief sans permission de son seigneur, en payant un droit qu'on appela droit de *quint*.

Exceptionnellement, le commerce dès fiefs ne devint libre en Dauphiné, d'après Guy Pape, que sous le règne de Charles VII.

Le droit de quint, qui était généralement fixé au cinquième du prix de la vente, variait, cependant, dans certaines provinces. En Normandie, l'acquéreur devait le treizième du prix, et, en outre, un droit de rachat; en Berry, le droit dû par le nouvel acquéreur était le revenu de la première année de la chose acquise, etc.

Le droit de quint n'était perçu que lorsqu'il s'agissait de fiefs et seulement pour les ventes ou actes *sonnants vente* et les rentes rachetables à prix d'argent. Quant à l'acquéreur d'un héritage censuel, il était également tenu de payer un droit au seigneur direct duquel relevait immédiatement l'héritage. Ce droit, qui était régi par les mêmes principes que le droit de quint et qui avait les mêmes conséquences, ne portait cependant pas le même nom : il s'appelait droit de *lods et ventes*.

On ne considérait pas comme contrat équipollent à vente et, par conséquent, on ne soumettait pas au droit de quint, l'échange d'un fief contre un autre héritage, ni l'échange d'un fief contre une rente constituée, pourvu toutefois :

1º que le remboursement de la rente ne fût pas exigible au moment où se formait le contrat, parce qu'alors le contrat eût été une véritable vente ; 2º que la rente fût réellement constituée, car, sans cela, il y aurait eu acte a titre gratuit, et les actes à titre gratuit étaient soumis au quint, excepté les donations qui étaient affranchies de tous droits dans certaines Coutumes, dans celles de Vitry et de Chaumont, par exemple ; 3º enfin, que le débi-rentier fût un tiers ; sans cette condition, en effet, on se fût trouvé en présence d'une dation en paiement.

On regardait, au contraire, comme de véritables ventes les échanges de fiefs contre des meubles, et on les assujettissait au droit de quint.

Quant aux échanges avec soulte, les Coutumes variaient beaucoup ; les unes admettaient le droit de quint au prorata de la soulte, les autres distinguaient : si la soulte était supérieure à la valeur de l'immeuble auquel elle venait s'ajouter, le contrat était réputé vente et le droit de quint était perçu, dans le cas contraire, il y avait échange.

Cette exemption dont jouissait le contrat d'échange donna accès à la fraude ; on déguisait des ventes véritables sous la forme d'échange, et on évitait ainsi de payer les droits. L'édit du mois de mai 1645 eut pour objet de remédier à cet abus. Il ordonna « qu'en tous contrats d'échange de terres, d'hé-
» ritages, maisons ou autres immeubles, tant en fief qu'en
» censive, dépendants du roi et des seigneurs féodaux et
» censiers, dans tout le royaume, contre des rentes rache-
» tables ou non rachetables, constituées à prix d'argent,
» de bail d'héritages ou autres, les droits seront payés
» ainsi qu'ils sont réglés par lesdites Coutumes, pour les
» contrats de vente à prix d'argent ; lesquels droits appar-
» tiendront au roi pour être vendus aux seigneurs, et, à
» leur refus, à ceux qui voudront les acquérir ; exceptant
» néanmoins dudit édit des échanges d'immeubles contre
» immeubles, sans soulte ni retour, parce qu'en cas qu'il y
» eût soulte, ou qu'il fût donné des rentes en échange,

» les droits seront payés au roi ou à ceux auxquels ils auront
» été aliénés. »

Un autre édit du mois de février 1674 porte que « les
» mêmes droits seigneuriaux, qui sont établis et réglés par
» les Coutumes des lieux, pour les mutations qui se font
» par contrats de vente, seront aussi payés, à l'avenir, en
» toutes mutations qui se feront par contrats d'échange
» d'immeubles tenus du roi ou des seigneurs, soit que les
» échanges soient des héritages contre des héritages, ou des
» héritages contre des droits, rentes et redevances, de quel-
» que nature qu'elles puissent être, et qu'il y ait soulte ou
» non, sans aucune distinction, nonobstant toutes coutumes
» et usages contraires. »

La déclaration du mois de mai 1696 et l'arrêt du Conseil
du 12 décembre 1724 vinrent ensuite confirmer ces dispositions.

Toutefois, il faut remarquer que les droits créés par ces
édits et déclarations étaient de véritables impôts, des droits
bursaux dont le roi se réservait la perception pour les
besoins de l'Etat, non pas comme seigneur féodal, mais
comme souverain, jusqu'à ce qu'il les aliénât au profit de
seigneurs particuliers, ou qu'il les supprimât comme en
Languedoc (Edit de décembre 1683,) et en Champagne.
(Arrêt du Conseil du 7 mai 1697.) Ces droits perçus en
matière d'échange n'étaient donc pas de la même nature
que les droits qu'on percevait en cas de vente ; ils n'étaient
ni *domaniaux*, ni *féodaux*, et dans les Coutumes où les seigneurs particuliers percevaient déjà un droit d'échange, le
roi ne percevait que l'excédant du droit de vente sur celui
d'échange.

Plus tard, les échanges furent assujettis au *contrôle* qui
n'était dû que sur l'un des deux immeubles échangés et à
l'insinuation ou *centième denier*, qu'on percevait sur la valeur entière des deux immeubles réciproquement cédés. Il
en résulta que dans certaines provinces qui étaient en même
temps soumises au contrôle et au régime féodal, l'impôt s'é-

levait jusqu'à 27 p. 100. Aussi les échanges devinrent-ils excessivement rares, au grand détriment des petits propriétaires.

En 1790, tous ces anciens tarifs furent renversés et remplacés par des tarifs beaucoup moins onéreux ; Les échanges de biens immeubles furent soumis à un droit de 1 p. 100 à raison de l'une des parts.

Quand il y avait soulte, le droit de vente, c'est-à-dire 2 p. 100, était exigible sur le montant de la soulte et le droit d'échange sur la valeur de l'immeuble qui marchait avec la soulte.

Lorsqu'on discuta la loi du 22 frimaire an VII, quelques orateurs proposèrent la suppression complète du droit proportionnel, mais il ne fut pas possible d'accepter cette proposition à cause de la situation désastreuse du Trésor.

Cette loi de l'an VII (Art. 69, § 5, n° 3) soumit les échanges de biens immeubles au droit de 2 p. 100 qui devait être calculé sur la valeur de l'un des immeubles échangés, lorsqu'il n'y avait aucun retour. S'il y avait retour, on percevait le droit de vente, c'est-à-dire 4 p. 100 sur le retour ou la plus-value et le droit d'échange 2 p. 100 sur le surplus.

Suivant cette même loi, la valeur des biens échangés se fixait « par une évaluation qui doit être faite en capital d'après le revenu annuel multiplié par vingt, sans distraction des charges. » (Art. 15, § 4, tit. 2).

Lorsque l'acte d'échange ne faisait pas mention de la valeur des biens échangés, les parties devaient y suppléer, avant l'enregistrement, par une déclaration estimative certifiée et signée au pied de l'acte (Art. 15, § 16).

Enfin, la Régie avait le droit, pendant une année, à partir de l'enregistrement du contrat, de requérir une expertise lorsque le prix énoncé dans l'acte d'échange lui paraissait inférieur à la valeur vénale des biens échangés à l'époque de l'aliénation, par comparaison avec les fonds voisins de même nature.

L'administration devait faire cette demande d'expertise

au tribunal de la situation des biens échangés par une pétition portant désignation de son expert. Si les co-échangistes refusaient de choisir un expert dans les trois jours de la sommation, le tribunal en nommait un d'office. En cas de partage, les experts devaient appeler un tiers expert ou bien le juge de paix du canton en nommait un. (Art. 15, §§ 17 et 18).

En 1824, l'état du Trésor étant beaucoup plus prospère, la loi du 16 juin put modérer les droits sur les échanges.

En effet, sous l'empire de cette loi, les échanges d'immeubles ruraux n'étaient assujettis qu'à un droit fixe de 1 fr. lorsque l'un de ces immeubles se trouvait contigu aux propriétés de celui des échangistes qui le recevait (Art. 2.)

Pour tous les autres échanges d'immeubles, le droit qui avait été fixé par la loi de frimaire an VII, à 2 p. 100, fut réduit à 1 p. 100 qui était perçu sur la valeur de l'un des immeubles échangés ; mais ces échanges étaient soumis en même temps au droit de transcription de 1 et 1/2 p. 100, établi par la loi de 1816. Enfin le droit qui était réglé par l'art. 52 de la même loi de 1816 continua à être perçu sur les soultes.

Cette disposition de la loi de 1824 qu'on accusa d'avoir été inspirée par une pensée aristocratique, parce qu'elle était l'œuvre de la Restauration, et qui prêtait à la fraude parce qu'en achetant une parcelle de la pièce de terre que l'on désirait recevoir en échange, on se trouvait précisément dans les conditions voulues pour n'être soumis qu'à un simple droit fixe, cette disposition, disons-nous, fut abrogée par la loi des finances du 14 mai 1834.

Sous l'empire de cette loi, quand il s'agissait d'immeubles, le droit d'échange, y compris le droit de transcription, était de 2 et 1/2 p. 100, sur la valeur de l'un des immeubles échangés.

Dans les échanges avec soulte, le droit perçu était de 2 et 1/2 p. 100 sur la valeur de l'immeuble qui marchait avec la soulte, et de 5 et 1/2 p. 100 sur le montant de la soulte.

La loi de frimaire et celles qui l'ont suivie n'ayant pas mentionné les échanges de meubles contre des meubles, on a considéré que de tels contrats constituaient des ventes et on les a assujettis à un droit de 2 p. 100 qui n'est dû que sur la valeur de l'un des objets échangés, car il faut que l'un des meubles donnés tienne lieu de prix par rapport à l'autre, pour que le contrat puisse être considéré comme vente. (Décision des Ministres des finances et de la justice, des 1er juin, 3 septembre et 5 novembre 1811.)

Lorsque des meubles sont donnés en retour d'immeubles, le droit exigible est celui des ventes d'immeubles, c'est-à-dire 5 1/2 p. 100, droit qui doit être perçu, non pas en raison de la double transmission, mais uniquement en raison de la valeur estimative de l'immeuble.

Quand la faculté de rachat a été stipulée en faveur de l'un des co-échangistes, le contrat ne donne lieu qu'au droit d'échange, parce qu'une telle réserve ne modifie nullement la convention qui est toujours un échange. Cette opinion a été adoptée par l'administration elle-même. (Délibération du 24 février 1829.) Mais si l'échangiste profite de la faculté de réméré qu'il s'était réservée, il devient certain que ce n'est pas un échange, mais une vente qui a été faite, et l'échangiste qui exerce le droit de retrait doit le droit de vente dont il faut naturellement déduire celui d'échange qu'il a déjà payé.

C'est le droit de vente 5 1/2 p. 100 et non celui d'échange qui est dû lorsque l'un des co-échangistes s'est obligé par le contrat à racheter ou faire racheter, ou bien à faire vendre à un prix convenu l'immeuble par lui donné en échange.

C'est aussi le droit d'échange qui doit être perçu dans le cas où l'une des parties aurait annoncé qu'elle avait l'intention de vendre l'immeuble peu de temps après l'échange. Il en sera de même lorsque l'un des co-permutants vendra un immeuble quelques instants après l'avoir reçu en échange.

Enfin, lorsque l'un des co-échangistes évincé de la chose qu'il a reçue en échange, reprend celle qu'il avait livrée en contre-échange, la résolution du contrat ne donne pas lieu à la perception d'un nouveau droit d'échange, parce que cette résolution est fondée sur la nécessité de la loi, sur l'obligation de garantie qui incombait aux deux co-permutants.

La loi de finances du 27 juillet 1870, dans le but de faciliter la réunion de parcelles qui, isolées les unes des autres, ne peuvent être cultivées qu'avec une perte de temps et de force nuisible à la prospérité générale du pays, déclare (art. 4) qu'il ne sera perçu sur les échanges d'immeubles *ruraux non bâtis* que 20 centimes p. 100 pour tout droit proportionnel d'enregistrement et de transcription, et seulement 1 fr. pour 100 sur le montant de la soulte ou de la plus-value des échanges. Mais cette loi n'a admis le principe d'une diminution de taxe qu'en l'entourant de précautions destinées à prévenir le retour des abus sous lesquels la loi du 16 juin 1824 n'a pas tardé à succomber; elle subordonne la modération de taxe qui porte sur le droit d'échange et sur le droit de soulte aux conditions suivantes :

1° L'un des immeubles échangés doit être contigu aux propriétés de celui qui le reçoit. C'est la raison d'être de la disposition nouvelle, ce doit donc en être la condition première;

2° Les immeubles échangés doivent avoir été acquis par les contractants par acte enregistré depuis plus de deux ans, ou recueilli par eux à titre héréditaire;

3° Les immeubles doivent être situés dans le même canton ou dans les cantons limitrophes.

« Les deux précautions ci-dessus, disait M. Chesnelong, » sont destinées à garantir la loyale exécution de la loi. La » première exige un intérêt existant préalablement à l'é- » change, et non point créé facticement en vue de la tran- » saction elle-même; la seconde pose une limitation en » dehors de laquelle l'échange perdrait le caractère qui jus- » tifie la faveur de la loi (1). »

4° La parcelle contiguë à la propriété de l'un des échangistes ne peut dépasser 50 ares : « Quand il s'agit de par-

____

(1) Rapport fait au Corps législatif, au nom de la Commission du budget.

» celles dont l'une est inférieure à 50 ares, disait encore
» M. Chesnelong, l'intérêt de la transaction est incontes-
» table, et de plus, les immeubles, par leur mc licité même,
» ont besoin d'être protégés contre de fortes perceptions.
» Pour les immeubles d'une contenance supérieure, il n'y a
» plus qu'une convenance au lieu d'une nécessité de cul-
» ture, et leur valeur même les affranchit du besoin d'invo-
» quer un droit privilégié ; »

5° Enfin, pour jouir d'une modération de taxe, les soulte
ou plus-value ne doivent pas excéder le quart de la valeur
de la moindre part échangée. C'est de la valeur déterminée
par le revenu capitalisé qu'il s'agit. Cette nouvelle faveur a
dû être renfermée dans une limite qui en prévint l'abus,
car, sans cette limite, de véritables ventes auraient pu être
faites au droit réduit, comme accessoire d'un échange insi-
gnifiant.

L'application du tarif réduit étant subordonné aux conditions que nous venons d'énumérer, la loi exige que l'acte
contienne l'énonciation de ces conditions et qu'il soit fait
des justifications conformes à cette énonciation. Les parties
doivent fournir des indications assez précises sur chacune
de ces conditions pour permettre soit d'établir la justifica-
tion au moment même de l'enregistrement, soit d'exercer
le droit de contrôle que le § 3 de l'art. 4 de la loi confère à
l'administration.

La sanction de la loi contre les fraudes qui la détourne-
rait de son véritable but consiste, d'une part, dans l'application du tarif ordinaire et, d'autre part, dans la pénalité
d'un droit en sus. Mais les résultats de ce système varient
selon qu'il s'agit d'une inexactitude dans l'énonciation des
conditions applicables à l'échange ou d'une insuffisance dans
la déclaration de la valeur de la soulte ou de la plus-value.
En effet : si la vérité a été altérée en ce qui concerne l'une
des conditions relatives à l'échange, le droit d'échange et le
droit de soulte sont perçus au taux ordinaire, indépendamment d'un droit en sus.

Si, au contraire, les immeubles échangés se trouvaient dans les conditions prescrites par la loi, mais que le montant de la soulte ou de la plus-value ait été réduit afin de jouir du bénéfice de la modération du tarif applicable à cette disposition, le montant réel de la soulte ou de la plus-value est seul passible des droits ordinaires et du droit en sus.

L'administration a deux années, à partir du jour de l'enregistrement du contrat, pour constater l'inexactitude des énonciations de l'acte d'échange ou l'insuffisance des soultes, soit à l'aide d'actes et documents propres à les établir, soit au moyen d'une demande en expertise.

Les dispositions des art. 12 et 13 de la loi du 25 août 1871 ont pour but de donner à l'administration tous les moyens de preuve du droit commun, afin d'arriver à la répression pour les dissimulations dans les prix de vente ou dans les soultes.

L'art. 12 frappe la fraude d'une amende égale au quart de la somme dissimulée; il met cette amende à la charge du vendeur et de l'acheteur par égale part.

L'art. 13 autorise l'administration à établir la dissimulation par tous les genres de preuves admises par le droit commun, sous la seule exception du *serment décisoire*, et sous la restriction de n'user de la preuve testimoniale que pendant dix ans, à compter de l'enregistrement de l'acte. Tous les autres moyens de preuve peuvent être fournis dans l'espace de trente ans.

Enfin, dans le but d'avertir les parties des conséquences d'une dissimulation, le notaire-rédacteur doit donner lecture des art. 12 et 13 et en faire mention expresse dans l'acte, à peine d'une amende de 10 fr.

Par ces dispositions, l'Assemblée nationale a créé une pénalité et une jurisprudence nouvelles dont il importe de bien préciser l'esprit et la portée.

Toute dissimulation est passible d'une amende spéciale, indépendante des droits simples en sus exigibles sur la mutation, dont le paiement doit être poursuivi selon les règles du droit commun. Si donc un acte contient la preuve d'une dissimulation, il sera soumis : 1° à un droit simple sur l'excédant du prix et à un droit en sus sur cet excédant, si la mutation remonte à plus de trois mois; 2° à une amende du quart de la somme dissimulée.

Ces dispositions nouvelles ne s'appliquent qu'à l'énonciation frauduleuse du véritable prix d'achat et nullement au cas où le prix aurait été sincèrement exprimé, mais ne représenterait pas la valeur vénale de l'immeuble transmis. Dans ce cas, l'administration doit avoir recours à l'expertise dans les délais fixés par la loi du 22 frimaire an VII. L'action en expertise et l'action en répression de la fraude ne sauraient donc ni se confondre, ni s'annihiler. Ainsi, après avoir fait constater par un rapport d'experts que la valeur vénale d'un immeuble est supérieure au prix exprimé dans l'acte, l'administration pourra réclamer l'amende prévue par l'art. 12 sur la différence qui existerait entre le prix énoncé dans l'acte d'échange et le prix révélé par les preuves ordinaires.

Le droit d'administrer ces preuves constitue dans es mains de l'administration un moyen redoutable, « destiné, » suivant les paroles de l'auteur de l'amendement, à jeter » la terreur parmi ceux qui seraient tentés de suivre les » traditions funestes de la dissimulation et à prévenir le » mal. »

« Les formes de l'expertise, telle que la loi du 22 frimaire » l'a organisée, dans son art. 18, sont longues et com- » pliquées ; les frais sont considérables, et l'administra- » tion ne peut y avoir recours qu'avec la plus grande » réserve. Ces inconvénients se font d'autant plus sentir » aujourd'hui que le morcellement du sol s'est étendu, et » qu'il est presque impossible d'appliquer cette procédure » coûteuse à ces ventes de faible valeur où la dissimulation » s'abrite le plus souvent, assurée de son impunité, par la » complication même des procédures auxquelles la repres- » sion donnerait lieu. » (Exposé des motifs.)

L'art. 15 de cette loi consacre une réforme à laquelle le Trésor et les contribuables sont également intéressés, en confiant à un seul expert, nommé par toutes les parties, ou, en cas de désaccord, par le président du tribunal, le soin de déterminer la valeur des propriétés dont le prix n'excède pas 2,000 fr.

POSITIONS.

DROIT ROMAIN.

I. — L'échangiste ne doit la garantie des servitudes apparentes que lorsqu'il a expressement affirmé la liberté du fonds en l'aliénant.

II. — L'action *præscriptis verbis* est en même temps de bonne foi et arbitraire.

III. — La servitude rustique est celle à laquelle on peut songer sans que l'idée de construction se présente nécessairement à votre esprit.

IV. — On ne pouvait pas intenter la *condictio ob pœnitentiam* dans la *rerum permutatio*.

V. — Le mineur de vingt-cinq ans peut valablement nover *sine curatoris auctoritate*, jusqu'à Dioclétien.

DROIT FRANÇAIS.

I. — La clientèle d'un médecin peut valablement faire l'objet d'un échange.

II. — La rescision pour cause de lésion a lieu dans l'échange avec soulte quand le montant de cette soulte excède la valeur de la chose qui marche avec elle.

III. — Il y a échange et non pas vente lorsque des immeubles sont donnés en retour de meubles.

IV. — Le privilége du vendeur appartient à l'échangiste créancier d'une soulte, quand cette soulte est supérieure à la valeur de l'immeuble auquel elle s'adjoint.

V. — En se conformant à l'art. 457 C. C., le tuteur peut donner, en échange, des immeubles du mineur ou de l'interdit soumis à sa tutelle.

DROIT COMMERCIAL.

I. — Le consentement du mari pour habiliter sa femme à faire le commerce ne peut pas être suppléé par l'autorisation de justice.

II. — Un écrit est nécessaire pour la formation du contrat à la grosse.

DROIT ADMINISTRATIF.

I. — La propriété des cours d'eau navigables ou flottables appartient aux propriétaires riverains.

II. — Le Conseil de préfecture est un tribunal d'exception.

III. — L'arrêté du préfet qui fixe la largeur d'un cours d'eau navigable ou flottable est simplement déclaratif.

DROIT CRIMINEL.

I. — La complicité du suicide n'est pas punissable si le complice est resté dans les bornes d'une simple assistance, ou n'a aidé la victime que dans les préparatifs du suicide.

II — Le condamné à une peine perpétuelle qui est gracié ou qui obtient une commutation à une peine n'emportant pas la surveillance de la haute police, n'y est pas soumis de plein droit.

PROCÉDURE.

I. — Les parties peuvent renoncer à faire appel en tout état de cause.

II. — Le défendeur étranger peu demander la caution *judicatum solvi* du demandeur étranger.

III. — Les étrangers peuvent être désignés comme experts.

Vu :

P. DELOYNES.

Vu par le Doyen de la Faculté de Droit,

A. COURAU.

Permis d'imprimer :

Le Recteur,

Cn. ZÉVORT.

www.ingramcontent.com/pod-product-compliance
Ingram Content Group UK Ltd.
Pitfield, Milton Keynes, MK11 3LW, UK
UKHW020844120726
13693UKWH00002B/808

9 782019 170318